Langenscheidt

Grundwortschatz Latein

Ein nach Sachgebieten geordnetes
Lernwörterbuch mit Satzbeispielen

von

Gerhard Fink

Langenscheidt

Berlin · München · Wien · Zürich · New York

Herausgegeben von der Langenscheidt-Redaktion

www.langenscheidt.de

Printed in Germany
ISBN 978-3-468-20201-8

6. 7. * 08

INHALT

Zum neuen Grundwortschatz Latein

Latein lernt man wie jede Fremdsprache am besten, indem man sich zunächst einen Grundwortschatz aneignet und diesen nach und nach erweitert. Langenscheidts Grundwortschatz Latein, der nun in einer völligen Neubearbeitung vorliegt, ist nach einer Konzeption erarbeitet, die es Anfängern wie Fortgeschrittenen leichter macht, einen Grundwortschatz zu erwerben, zu wiederholen oder zu vertiefen. Für den Grundwortschatz wurden 2000 besonders wichtige Wörter ausgewählt, die bei den in der Schule gelesenen Autoren besonders häufig vorkommen und in den üblicherweise verwendeten Lehrwerken als Lernstoff vorgesehen sind. Langenscheidts Grundwortschatz Latein ist jedoch nicht auf bestimmte Lehrbücher oder spezielle Altersgruppen ausgerichtet, sondern für alle Lernenden geeignet.

Die Anordnung der Wörter erfolgt nach Sachgebieten, die die Wörter in zwei Wichtigkeitsstufen unterteilen. Sie sind mit „1–1000“ und „1001–2000“ markiert. Im Register ist mit einem Blick erkennbar, zu welcher Gruppe ein Wort gehört: Bei den Wörtern von „1–1000“ ist die Seitenzahl halbfett angegeben, bei denen von „1001–2000“ mager.

Innerhalb eines Kapitels sind die Stichwörter nach inhaltlichen Gesichtspunkten durch blaue Linien getrennt. Diese Abschnitte fassen Wortfelder, Wortfamilien und andere bedeutungsmäßig zusammenhängende Wortgruppen optisch zusammen und erleichtern das Lernen und Wiederholen in kleineren Etappen.

Zu vielen Wörtern sind Wendungen und Anwendungsbeispiele mit deutscher Übersetzung angegeben, die die Wörter in einen Sinnzusammenhang stellen und ihren richtigen Gebrauch verdeutlichen. „*TIPPS*“ geben zusätzliche Informationen, stellen z. B. Gegenteilpaare gesammelt gegenüber oder weisen auf grammatische Besonderheiten hin.

Wo es sinnvoll erscheint, werden mit „*syn.*“ zu den lateinischen Stichwörtern Synonyme (Begriffe mit ähnlicher Bedeutung) gegeben. Beachten Sie jedoch, dass es im Lateinischen sehr wenige tatsächlich bedeutungsgleiche Wörter gibt, sondern vielmehr Bedeutungsüberschneidungen vorherrschen. Ähnliches gilt für „*ant.*“, die Angabe von Antonymen (gegensätzlichen Begriffen).

Lateinische Wörter lassen sich oft mit sehr verschiedenen Bedeutungen übersetzen. Dabei wird jeweils die sachgebietsbezogene Übersetzung zuerst genannt und die Mehrfachbedeutung, die sich meist in einem anderen Kapitel wiederfindet, mit „*auch*“ angegeben.

Durch *„etym."* werden Hinweise zu etymologischen Zusammenhängen gegeben, um Wortfamilien oder zusammengesetzte Wörter leichter erkennbar zu machen und auf bereits Gelerntes und andere Sachgebiete zu verweisen.

Das Warndreieck schließlich macht auf Besonderheiten oder mögliche Fehlerquellen durch Verwechslungen aufmerksam.

Grammatische Hinweise

Bei den Substantiven sind jeweils der Genitiv und das Geschlecht (*m*, *f*, *n*) angegeben. Bei einsilbigen Wörtern und Ausnahmen erfolgt die Nennung der ganzen Form (z. B. *vox*, *vocis f*), bei mehrsilbigen nur die Endung (*salus*, *utis f*). Sind der Fall oder die Zahl nicht eindeutig, werden sie mit einer Länge gekennzeichnet (z. B. *res memoriā digna*).

Bei Adjektiven ist, wenn sie drei- bzw. zweiendig sind, die Endung für *m*, *f* und *n* (z. B. *antiquus*, *a*, *um*) bzw. *m/f* und *n* (*omnis*, *e*) vermerkt, bei einendigen der Genitiv (z. B. *par*, *paris*).

Verben werden außer beim v-Perfekt der a-Konjugation im Infinitiv des Präsens Aktiv mit allen Stammformen angeführt. Zur Unterscheidung der e-Konjugation von der konsonantischen ist das lange Stamm-e gekennzeichnet (z. B. *parere* und *parēre*). Bei den Deponentien werden auch in der a-Konjugation die Stammformen genannt.

Das Lernen mit dem Grundwortschatz

Für den Lernerfolg möchten wir Ihnen einige Anregungen geben:

- Nutzen Sie den Vorteil der Gliederung nach Sachgebieten. Die Wörter eines Sachgebiets spiegeln inhaltliche Zusammenhänge wider und wecken Assoziationen, die das Behalten der Wörter fördern. Sie können sich in jedem Sachgebiet zuerst die Wörter der Wichtigkeitsstufe „1–1000" aneignen. Zu einem späteren Zeitpunkt lernen Sie dann die der Wichtigkeitsstufe „1001–2000".

- Arbeiten Sie einzelne Sachgebiete durch, vielleicht erst die Ihnen „sympathischen", dann die anderen. Vergessen Sie aber nicht, sich nach und nach *alle* Sachgebiete anzueignen.

- Systematisieren Sie den Ablauf des Lernens und lernen Sie abschnittsweise: Lesen Sie ein Kästchen (fett gedrucktes Stichwort und evtl. Anwendungsbeispiele) und prägen Sie sich die Wortgleichung ein. Gehen Sie mehrere Kästchen auf diese Weise durch (eine Hilfe sind die blauen Trennlinien, die Wortgruppen zusammenfassen) und decken Sie dann von diesem Block die rechte Seite ab. Sprechen Sie sich nun das verdeckte Stichwort laut vor und kontrollieren Sie sich durch das Aufdecken der rechten Spalte. Entsprechend können Sie natürlich auch die linke Seite abdecken und wie beschrieben arbeiten. Nicht beherrschte Wörter werden am Rand mit Bleistift gekennzeichnet und nochmals gesondert gelernt, bis Sie den ganzen Abschnitt können.

- Lernen Sie täglich (mit Pausen!) ein bestimmtes Pensum. In einigen Wochen beherrschen Sie dann einen systematisch aufgebauten Grundwortschatz. Vergessen Sie nicht, diesen in gewissen zeitlichen Abständen zu wiederholen und zu überprüfen.

1 DER MENSCH

1.1 Körperliche Existenz

1.1.1 KÖRPER

„1–1000“

homo, inis *m*	**Mensch, Mann,** *Pl.* **Leute**
corpus, oris *n*	**Körper,** *auch* **Leiche**
caput, itis *n* poena capitis	**Kopf, Haupt,** *auch* **Hauptsache, Hauptstadt** Todesstrafe
frons, frontis *f* a fronte	**Stirn, Gesicht,** *auch* **Front, Vorderseite** von vorn
oculus, i *m*	**Auge**
auris, is *f* aures praebere	**Ohr** Gehör schenken, zuhören
ōs, oris *n* (⚠ os – Knochen) in ore omnium esse	**Mund** in aller Munde sein
lingua, ae *f*	**Zunge,** *auch* **Sprache**
manus, us *f* suā manu	**Hand,** *auch* **Schar** eigenhändig
pes, pedis *m* pedibus ire	**Fuß** zu Fuß gehen
tergum, i *n* a tergo	**Rücken** von hinten, im Rücken
sanguis, inis *m*	**Blut**
cor, cordis *n* Res mihi cordi est.	**Herz** Die Sache liegt mir am Herzen.

„1001–2000“

vertex, icis *m*	**Scheitel,** *auch* **Spitze, Gipfel**
crines, ium *m*	**Haare**

fauces, ium *f*	**Rachen, Schlund,** *auch* **Engpass, Schlucht**
Vox faucibus haesit.	Er brachte kein Wort heraus. (*wörtl.* Die Stimme hing im Rachen fest.)
dens, dentis *m*	**Zahn**
membrum, i *n*	**Glied,** *auch* **Teil**
bra(c)chium, i *n*	**Arm**
latus, eris *n* a latere	**Seite,** *auch* **Flanke** von der Seite
pectus, oris *n* toto pectore	**Brust,** *auch* **Herz, Seele** von ganzem Herzen
venter, tris *m*	**Bauch**

os, ossis *n* (⚠ ōs – Mund) ossa	**Knochen** Gebeine
nervus, i *m*	**Sehne, Muskel**
nudus, a, um	**nackt, entblößt**

1.1.2 GESCHLECHT UND AUSSEHEN

„1–1000“

genus, eris *n*	**Geschlecht, Gattung, Art** (→ 2.1)
vir, viri *m*	**Mann**
femina, ae *f*	**Frau**
mulier, eris *f*	**Frau**
vultus, us *m* vultūs avertere	**Miene, Gesichtsausdruck** die Blicke abwenden
facies, ei *f*	**Gesicht, Gestalt, Aussehen**
species, ei *f* primā specie	**Anblick, Gestalt,** *auch* **Anschein** auf den ersten Blick
forma, ae *f* (*syn.* figura)	**Gestalt, Figur, Schönheit**
vestis, is *f* hominem ex veste aestimare	**Kleidung, Gewand** einen Menschen nach seiner Kleidung beurteilen

pulcher, chra, chrum (*syn.* formosus)	**schön**
turpis, e (*syn.* foedus)	**hässlich**, *auch* **schändlich**

„1001–2000“

figura, ae *f* (*syn.* forma)	**Figur, Gestalt**
aspectus, us *m*	**Aussehen**
habitus, us *m*	**Aussehen, Kleidung**, *auch* **Zustand, Stimmung**
ornare	**ausstatten, schmücken**
formosus, a, um (*syn.* pulcher)	**schön**
foedus, a, um (*syn.* turpis) homo foedus	**hässlich, abstoßend** ein hässlicher Mensch

1.1.3 GESUNDHEIT UND KRANKHEIT

„1–1000“

robustus, a, um	**stark, kräftig**
firmus, a, um (*ant.* infirmus)	**stark, fest, standhaft**
sanus, a, um aliquem sanum facere	**gesund**, *auch* **vernünftig** jdn. gesund machen
salvus, a, um Amici salvi redierunt.	**wohlbehalten, unverletzt, gesund** Die Freunde kehrten wohlbehalten zurück.
valēre, valeo, valui, valiturus (*syn.* vigere) Vale!	**gesund sein, stark sein**, *auch* **vermögen, gelten** Leb wohl!
morbus, i *m*	**Krankheit**
fessus, a, um fessus aetate	**müde, erschöpft** altersschwach

„1001–2000"

valetudo, inis *f* (*etym.* valere)	**(gutes oder schlechtes) Befinden, Gesundheit**
Propter valetudinem venire non possum.	Wegen meines Befindens (= weil ich mich nicht wohlfühle,) kann ich nicht kommen.
validus, a, um	**gesund, stark**
salus, utis *f*	**Gesundheit, Wohl,** *auch* **Rettung**
communi saluti servire	dem Gemeinwohl dienen
saluber, bris, bre	**gesund, heilsam**
Aqua huius fontis salubris est.	Das Wasser dieser Quelle ist gesund.
integer, gra, grum	**unversehrt, unberührt,** *auch* **anständig, vernünftig, unbescholten**
incolumis, e	**unverletzt, unversehrt, heil**
vigēre, vigeo, vigui (*syn.* valere)	**gesund sein**
febris, is *f*	**Fieber**
Febris crescit.	Das Fieber steigt.
pestis, is *f*	**Seuche,** *auch* **Unheil**
aeger, gra, grum	**krank**
infirmus, a, um (*ant.* firmus)	**kraftlos, schwach**
demens, ntis (*etym.* mens)	**wahnsinnig**

1.1.4 GRUNDBEDÜRFNISSE

„1–1000"

fames, is *f*	**Hunger**
famem depellere	den Hunger stillen
sitis, is *f*	**Durst**
sitim explere	den Durst löschen
panis, is *m*	**Brot**
somnus, i *m* (*etym.* somnium)	**Schlaf**
somnum capere non posse	nicht einschlafen können

„1001–2000“

victus, us *m* (*etym.* vivere)	**Lebensunterhalt, Lebensweise**
cibus, i *m* copia ciborum	**Speise, Nahrung** Vorrat an Nahrungsmitteln
cena, ae *f* ad cenam invitare	**Mahlzeit, Essen** zum Essen einladen
vinum, i *n*	**Wein**
potare	**trinken**
bibere, bibo, bibi	**trinken**
edere, edo, edi, esum (⚠ ēdere – hervorbringen)	**essen**
quies, etis *f* quietem capere	**Ruhe, Erholung** sich erholen
quiescere, quiesco, quievi, quieturus	**ruhen, ausruhen**
dormire, dormio, dormivi	**schlafen**
somnium, i *n* (*etym.* somnus) somnium videre	**Traum** träumen

1.1.5 LEBEN UND TOD

„1–1000“

nasci, nascor, natus sum ante/post Christum natum decem annos natus	**geboren werden** vor/nach Christi Geburt zehn Jahre alt
vita, ae *f*	**Leben**
vivere, vivo, vixi, victurus modus vivendi	**leben** Lebensweise
vivus, a, um	**lebendig**
aetas, atis *f* aetate imperatoris Claudii	**Lebensalter, Zeitalter, Epoche** zur Zeit des Kaisers Claudius
vetus, eris	**alt**

TIPP: *So werden Männer und Frauen in den verschiedenen Lebensaltern bezeichnet:*

infans, *ntis m*	***Kleinkind***	***infans***, *ntis f*	***Kleinkind***
puer, *eri m*	***Junge***	***puella***, *ae f*	***Mädchen***
adulescens, *ntis m*	***junger Mann***	***virgo***, *inis f*	***Mädchen, Jungfrau***
iuvenis, *is m*	***(jüngerer) Mann***	***matrona***, *ae f*	***(verheiratete) Frau***
senex, *senis m*	***alter Mann***	***anus***, *us f*	***alte Frau***

mors, mortis *f*	**Tod**
mortalis, e	**sterblich**
immortalis, e di immortales	**unsterblich** die unsterblichen Götter
mortuus, a, um	**tot, verstorben**
mori, morior, mortuus sum	**sterben**
defungi, defungor, defunctus sum	**verscheiden, sterben**
mortem obire, obeo, obii, obiturus	**sterben** (*wörtl.* dem Tod entgegengehen)
occidere, occido, occidi, occasurus (*etym.* cadere, ⚠ occīdere – töten) in bello occidere	**umkommen, sterben** im Krieg fallen
perire, pereo, perii, peritum	**umkommen, zugrunde gehen, (gewaltsam) sterben**
interire, intereo, interii, interitum fame interire	**umkommen, sterben** verhungern

„1001–2000“

iuventus, utis *f* (*etym.* iuvenis)	**Jugend**
iunior, oris (*Komp.*)	**jünger**
senectus, utis *f* (*etym.* senex)	**Alter**
senior, oris (*Komp.*)	**älter**
funus, eris *n*	**Bestattung, Begräbnis**
de vita decedere, decedo, decessi, decessum	**sterben**

1.1.6 SCHICKSAL, GLÜCK UND UNGLÜCK

„1–1000“

fatum, i *n* (*oft Pl.*) sua fata dolere	**Schicksal** sein Schicksal beklagen
sors, sortis *f*	**Los, Schicksal**
fortuna, ae *f* fortunae cedere	**Glück, Schicksal** sich in sein Schicksal fügen
futurus, a, um res futuras providere	**zukünftig** die Zukunft vorhersehen (→ providere 2.7)
certus, a, um (*ant.* incertus)	**bestimmt, sicher, zuverlässig**
contingere, contingo, contigi, contactum (*etym.* tangere, *syn.* succedere) Captivo contigit, ut e carcere evaderet.	**gelingen, zuteilwerden,** *auch* **berühren** Dem Gefangenen gelang es, aus dem Gefängnis zu fliehen.
accidere, accido, accidi accidit, ut	**sich ereignen** es ereignete sich, dass
evenire, evenio, eveni, eventum	**sich ereignen**
casus, us *m* (*etym.* cadere) casu	**Fall, Zufall,** *auch* **Untergang** zufällig
occasio, onis *f* occasionem praetermittere	**Gelegenheit** sich eine Chance entgehen lassen
forte (*Adv.*) Ibam forte viā sacrā (*Horaz*)	**zufällig** Ich ging zufällig die Heilige Straße entlang.
fortasse (*Adv.*)	**vielleicht**
secundus, a, um (*ant.* → adversus) in rebus secundis	**günstig,** *auch* **folgend, der zweite** im Glück
iucundus, a, um	**erfreulich, angenehm**
gratus, a, um	**angenehm,** *auch* **dankbar**
felix, icis (*syn.* beatus, *ant.* miser)	**glücklich**

acerbus, a, um verba acerba	**herb, bitter** bittere Worte
adversus, a, um (*ant.* secundus) in rebus adversis	**ungünstig, feindlich,** *auch* **vorn** im Unglück

*TIPP: **Adversus**, verwandt mit vertere – wenden, heißt wörtlich „zugekehrt, entgegengewandt" und bekommt im übertragenen Sinn die Bedeutung „ungünstig".*
***Secundus**, abgeleitet von sequi – folgen, bedeutet „(dem Wunsch) folgend, entsprechend" und daher „günstig".*

miser, era, erum (*ant.* felix, beatus)	**unglücklich, elend, armselig**
miseria, ae *f*	**Elend, Unglück, Not**
calamitas, atis *f*	**Schaden, Unglück, Niederlage**

„1001–2000"

eventus, us *m* malos eventūs habere	**Ereignis, Ausgang, Ergebnis** ein schlimmes Ende haben
factum, i *n*	**Ereignis,** *auch* **Tat, Handlung**
succedere, succedo, successi, successum (*etym.* cedere, *syn.* contingere)	**gelingen,** *auch* **nachfolgen**
beatus, a, um (*syn.* felix, *ant.* miser)	**glücklich,** *auch* **begütert**
opportunus, a, um	**günstig**
incertus, a, um (*ant.* certus)	**unsicher, unbestimmt, unzuverlässig**
fatalis, e (*etym.* fatum) casus fatalis	**vom Schicksal bestimmt, Schicksal-** Schicksalsschlag
temere (*Adv.*)	**zufällig, blindlings, planlos**

1.2 Verhalten, Denken, Gefühle

1.2.1 CHARAKTER UND EIGENSCHAFTEN

„1–1000“

animus, i *m* bono animo esse	**Seele, Geist, Herz, Verstand** guten Mutes sein
mens, mentis *f* hac mente Mihi amicus in mentem venit.	**Seele, Geist, Verstand, Denkvermögen** in dieser Absicht Mir fällt der Freund ein. (*wörtl.* Mir kommt der Freund in den Sinn.)
ratio, onis *f* ratio est + *Inf.* valetudinis rationem habere	**Vernunft, Überlegung, Berechnung,** *auch* **Methode, Art und Weise** es ist vernünftig auf seine Gesundheit Rücksicht nehmen
ingenium, i *n* Catilina fuit magnā vi animi et corporis, sed ingenio malo.	**Begabung, Charakter, Wesen** Catilina verfügte über große Geistesschärfe und Körperkraft, doch sein Charakter war verdorben.
mores, um *m* his moribus	**Charakter, Sitten** beim heutigen Zeitgeist
virtus, utis *f* (*etym.* vir) virtutes (animi)	**Tatkraft, Tugend, Tapferkeit** positive Eigenschaften
se praestare, praesto, praestiti, praestaturus se fortem praestare	**sich erweisen als** (→ praestare 1.3.2) sich als tapfer erweisen
bonus, a, um	**gut**
melior, ius (*Komp.*)	**besser**
optimus, a, um (*Supl.*)	**am besten**
bene (*Adv.*) bene iudicare	**gut** richtig urteilen
probus, a, um (*ant.* improbus)	**rechtschaffen, anständig**

malus, a, um	**schlecht, böse**
peior, ius (*Komp.*)	**schlechter**
pessimus, a, um (*Supl.*)	**am schlechtesten**
improbus, a, um (*ant.* probus)	**böse, schlecht, frech**
vitium, i *n*	**Fehler, Fehltritt, Laster**
iustitia, ae *f*	**Gerechtigkeit**
iustus, a, um	**gerecht**
iniustus, a, um	**ungerecht**
officium, i *n*	**Pflichtgefühl,** *auch* **Dienst, Dienstleistung, Pflicht**
sapientia, ae *f* studium sapientiae	**Weisheit** eifriges Bemühen um die Weisheit
sapiens, ntis	**weise, verständig,** *subst.* **der Weise**
prudentia, ae *f*	**Klugheit**
prudens, ntis	**klug**
diligens, ntis	**sorgfältig, gewissenhaft, umsichtig**
gravis, e (*etym.* gravitas, *ant.* levis)	**ernst, würdevoll (***wörtl.* **schwer)**
fortis, e viri fortes	**tapfer, mutig** Helden
audacia, ae *f*	**Kühnheit, Verwegenheit**
audax, acis	**kühn, verwegen**
audēre, audeo, ausus sum audeo dicere	**wagen, sich trauen** ich wage zu behaupten
levis, e (*ant.* gravis) levi animo esse	**leichtsinnig (***wörtl.* **leicht)** leichtsinnig sein
durus, a, um	**hart, derb**
acer, acris, acre fame acri vexari	**scharf, heftig,** *auch* **eifrig** von starkem Hunger gequält werden

vehemens, ntis	**heftig, energisch**
ferox, ocis	**wild, trotzig**
avaritia, ae *f* (*ant.* liberalitas)	**Geiz, Habgier**
luxuria, ae *f*	**Verschwendung, Überfluss, Genusssucht**
superbia, ae *f*	**Stolz, Hochmut**
crudelitas, atis *f*	**Grausamkeit**
crudelis, e	**grausam**

TIPP:* *Bleibende Eigenschaften *werden gewöhnlich mit* ***Genitivus qualitatis*** *konstruiert: vir magni ingenii – ein geistvoller Mann, mulier summae prudentiae – eine äußerst kluge Frau.* ***Äußerliche und vorübergehende Eigenschaften*** *werden meist mit dem* ***Ablativus qualitatis*** *gebildet: mulier eximiā formā – eine außergewöhnlich schöne Frau; Iuvenes bono animo erant. – Die jungen Leute waren gut gelaunt.*

„1001–2000“

anima, ae *f*	**Seele, Atem, Lebenskraft,** *auch* **Lufthauch**
animam ēdere	die Seele aushauchen, sterben
spiritus, us *m*	**Seele, Atem,** *auch* **Lufthauch**
extremo spiritu	beim letzten Atemzug

TIPP: *Oben genannte Begriffe sind nicht klar voneinander abgegrenzt und lassen sich daher nur schwer mit einer einzigen deutschen Entsprechung übersetzen:* ***Animus*** *bezeichnet allgemeln die Seele* (ant. *corpus*)*, d. h. sowohl die Empfindungsfähigkeit als auch den Verstand. Bei* ***anima*** *und* ***spiritus*** *kommt die Vorstellung von der hauchartigen Seele zum Tragen, die den Menschen im Tode verlässt.* ***Mens*** *betont zusätzlich die Denkkraft* (etym. *meminisse*)*.* ***Ingenium*** (etym. *gignere*) *bezeichnet die angeborenen Eigenschaften im Gegensatz zu den von der Gesellschaft erworbenen* ***mores****.* ***Ratio*** *dagegen ist die Fähigkeit zu logischem Denken* (etym. *reri*)*.*

sensus, us *m* (*etym.* sentire)	**Sinn, Verstand,** *auch* **Empfindung, Gefühl**
sensus communis	gesunder Menschenverstand

praeditus, a, um + *Abl.* ratione praeditus	**begabt** vernunftbegabt
habitus, us *m* habitus animi	**Zustand, Stimmung,** *auch* **Aussehen, Kleidung** die seelische Verfassung
se gerere, gero, gessi, gestum se honeste gerere	**sich betragen, sich benehmen** ehrlich sein
bonum, i *n* summum bonum	**das Gut, gute Eigenschaft,** *auch* **Nutzen** das höchste Gut
malum, i *n*	**Übel, Fehler,** *auch* **Schaden**
integer, gra, grum	**anständig, vernünftig, unbescholten,** *auch* **unversehrt, unberührt**
liberalis, e	**edel, gütig, freigebig**
liberalitas, atis *f* (*ant.* avaritia)	**edle Gesinnung, Güte, Freigebigkeit**
innocens, ntis (*etym.* nocere)	**unschuldig, unschädlich**
modestia, ae *f* modestia vitae	**Mäßigung, Bescheidenheit** anspruchsloses Leben
modestus, a, um	**maßvoll, bescheiden**
modicus, a, um	**mäßig, bescheiden**
moderatus, a, um	**maßvoll, besonnen**
humilis, e	**demütig, niedrig, gering**
lenis, e	**sanft, mild, gelassen**
mitis, e	**mild, weich, friedlich**
mollis, e	**weich, freundlich gesonnen**
clementia, ae *f*	**Milde, Sanftheit, Nachsicht**
clemens, ntis	**mild, sanft, nachsichtig**
placidus, a, um	**sanft, ruhig**
quietus, a, um (*etym.* quiescere)	**ruhig, friedlich**
patientia, ae *f* (*etym.* pati)	**Geduld**

dulcis, e	**angenehm, liebenswürdig,** *auch* **süß**
diligentia, ae *f* (*etym.* diligens)	**Sorgfalt, Gewissenhaftigkeit, Umsicht**
diligentiam adhibere	sorgfältig verfahren
pietas, atis *f*	**Pflichtgefühl, Frömmigkeit, liebevolle Gesinnung**
pietas erga parentes	Liebe (des Kindes) zu den Eltern
pius, a, um (*ant.* impius)	**pflichtbewusst, rechtschaffen, fromm**
fortitudo, inis *f* (*etym.* fortis)	**Tapferkeit, Mut**
severus, a, um	**ernst, streng**
asper, era, erum	**rau, roh, streng**
ferus, a, um	**wild, ungezähmt, roh**
arrogantia, ae *f*	**Anmaßung, Hochmut**
ignavus, a, um	**feige**
iners, rtis	**untätig, träge**
avarus, a, um + *Gen.* (*etym.* avaritia)	**geizig, habgierig**
superbus, a, um (*etym.* superbia)	**stolz, hochmütig**
impius, a, um (*ant.* pius)	**pflichtvergessen, gewissenlos**
impudens, ntis	**unverschämt, schamlos**

TIPP: *Das Gegenteil auf einen Blick:*

virtus	↔	*vitium*
bonus	↔	*malus*
probus/integer/innocens	↔	*improbus*
iustus	↔	*iniustus*
modestia	↔	*superbia/luxuria*
modestus/modicus/moderatus/humilis	↔	*superbus*
lenis/mitis/mollis/clemens/placidus	↔	*durus/asper/severus/ferox/ferus/crudelis*
fortis	↔	*ignavus*
gravis	↔	*levis*
acer/studiosus	↔	*iners*

1.2.2 WAHRNEHMEN UND VERSTEHEN

„1–1000"

audire, audio, audivi, auditum	**hören**
accipere, accipio, accepi, acceptum (*etym.* capere)	**vernehmen,** *auch* **annehmen, empfangen**
sicut ab amicis accepi	wie ich von den Freunden erfuhr
ut accepimus	wie uns überliefert ist
comperire, comperio, comperi, compertum	**in Erfahrung bringen, erfahren**

spectare (*syn.* intueri, contemplari)	**anschauen, betrachten**
vidēre, video, vidi, visum	**sehen, darauf achten**
videndum est, ut	man muss darauf achten, dass
vidēri, videor, visus sum	**scheinen, angesehen werden als,** *auch* **beschließen**

TIPP: *Achten Sie auf die Bedeutungsunterschiede von* ***videri*** *je nach der Konstruktion:*
vidēri + NcI. – scheinen*: Non omnes beati sunt, qui beati esse videntur. – Nicht alle sind glücklich, die es zu sein scheinen.*
mihi videtur – ich beschließe, halte für richtig*: Senatui visum est legatos mittere. – Der Senat beschloss, Gesandte zu schicken.*
mihi videor – ich glaube von mir, ich bilde mir ein*: Illi omnia posse sibi videntur. – Jene bilden sich ein, alles zu können.*

cognoscere, cognosco, cognovi, cognitum	**erkennen, kennenlernen**
causā cognitā	nach Untersuchung des Streitfalles

TIPP: *Die Perfektform* ***cognovisse*** *bedeutet* ***kennen****: Cognovi vos integros fidosque. – Ich kenne euch als anständige und zuverlässige Männer.*

intellegere, intellego, intellexi, intellectum	**erkennen, verstehen**
Intellego, quid loquar.	Ich bin mir darüber im Klaren, was ich sage.
discere, disco, didici	**lernen**
Cottidie aliquid novi discitur.	Täglich lernt man etwas Neues.

„1001–2000“

sentire, sentio, sensi, sensum	**fühlen, wahrnehmen,** *auch* **meinen**
sensus, us *m* (*etym.* sentire)	**Empfindung, Gefühl,** *auch* **Sinn, Verstand**
Morte omnis sensus exstinguitur.	Durch den Tod wird jede Empfindung ausgelöscht.
aspicere, aspicio, aspexi, aspectum	**erblicken**
conspicere, conspicio, conspexi, conspectum	**erblicken**
conspectus, us *m*	**Anblick**
in conspectu esse	sichtbar sein
intuēri, intueor, intuitus sum (*syn.* spectare)	**anschauen, betrachten**
contemplari, contemplor, contemplatus sum (*syn.* spectare)	**anschauen, betrachten**
cernere, cerno, crevi, cretum	**wahrnehmen, erkennen, sehen**
percipere, percipio, percepi, perceptum (*etym.* capere)	**wahrnehmen, erfassen**
oculis percipere	sehen
concipere, concipio, concepi, conceptum	**aufnehmen, erfassen,** *auch* **verfassen**
animo concipere	verstehen
agnoscere, agnosco, agnovi, agnitum	**(wieder-)erkennen, anerkennen**
animadvertere, animadverto, animadverti, animadversum (*etym.* animus, vertere)	**bemerken, achtgeben,** *auch* **strafen, vorgehen gegen**
comprehendere, comprehendo, comprehendi, comprehensum	**begreifen,** *auch* **ergreifen, zusammenfassen**
perspicere, perspicio, perspexi, perspectum	**durchschauen, erkennen**
voluntatem alicuius perspicere	jds. Absicht durchschauen

1.2.3 GEDÄCHTNIS UND WISSEN

„1–1000“

memoria, ae *f*	**Gedächtnis, Erinnerung**
aliquid memoriae mandare	sich etw. einprägen
patrum nostrorum memoriā	zur Zeit unserer Väter
memor, oris + *Gen.*	**denkend an, im Bewusstsein von**
iniuriae acceptae memor	im Bewusstsein des erlittenen Unrechts
meminisse, memini + *Gen.* (*syn.* recordari)	**sich erinnern an**
Memento mei!	Denk an mich!
immemor, oris + *Gen.*	**nicht denkend an, vergessend, undankbar**
oblivisci, obliviscor, oblitus sum + *Gen.*	**vergessen**
Huius rei paene oblitus sum.	Das hätte ich beinahe vergessen.

memorare + *Akk.*	**erinnern an**, *auch* **berichten**
commemorare + *Akk.*	**sich erinnern an**, *auch* **erwähnen**
admonēre, admoneo, admonui, admonitum	**erinnern**, *auch* **ermahnen, warnen**

***TIPP:* admonēre** *wird gewöhnlich mit dem* **Genitiv** *oder mit* **de** *+* **Ablativ** *konstruiert: Amicus eum huius facti/hoc de facto admonet. – Der Freund erinnert ihn an diese Tat. Beim neutralen Pronomen hingegen steht der* **Akkusativ**: *Illud te admoneo. – Daran erinnere ich dich.*

scire, scio, scivi/scii, scitum (*ant.* nescire)	**wissen**
Scio te hoc dixisse.	Ich weiß, dass du das gesagt hast.
novisse, novi	**wissen**

***TIPP:* novisse** *ist die Perfektform zu* **noscere**, *nosco, novi, notum – kennenlernen, erfahren: Novi nomen tuum. – Ich habe deinen Namen erfahren = ich weiß deinen Namen.*

notus, a, um Nomen meum vobis notum est.	**bekannt** Mein Name ist euch bekannt.
ignotus, a, um	**unbekannt**
conscius, a, um + *Gen.* coniurationis conscius	**eingeweiht in,** *subst.* **Mitwisser** Mitwisser einer Verschwörung
constat, constitit Animalia loqui non posse constat.	**es steht fest, es ist bekannt** Tiere können bekanntlich nicht sprechen.
sapientia, ae *f*	**Weisheit**
sapiens, ntis	**weise, verständig,** *subst.* **der Weise**
prudentia, ae *f*	**Klugheit**
prudens, ntis	**klug**

„1001–2000"

scientia, ae *f* (*etym.* scire) scientiā atque usu	**Wissen, Wissenschaft** in Theorie und Praxis
conscientia, ae *f* Conscientia scelerum agitatur.	**Gewissen, Bewusstsein** Sein schlechtes Gewissen lässt ihm keine Ruhe. (*wörtl.* Er wird vom Bewusstsein seiner Verbrechen umgetrieben.)
peritus, a, um + *Gen.* peritissimus rerum civilium	**kundig, erfahren** in der Politik sehr erfahren
callidus, a, um	**klug, verschlagen, schlau**
recordari, recordor, recordatus sum + *Akk.*/+ *de* + *Abl.* (*syn.* meminisse, *ant.* oblivisci) Illud tempus recordor.	**sich erinnern** Ich erinnere mich an jene Zeit.
apparet, apparuit Apparet te errare.	**es ist klar, es ist offensichtlich** Offensichtlich irrst du dich.
nescire, nescio, nescivi, nescitum (*etym.* scire)	**nicht wissen**

nescius, a, um	**unwissend**
ignorare haud ignorare	**nicht wissen** genau wissen
ignarus, a, um	**unwissend**
inopinans, ntis (*etym.* opinari) Caesar Helvetios inopinantes aggressus est.	**ahnungslos, nichts ahnend** Cäsar griff die Helvetier an, die darauf nicht gefasst waren.
fugere, fugio, fugi + *Akk.* Illud me fugit.	**entgehen,** *auch* **fliehen, meiden** Das ist mir entgangen.
stultitia, ae *f*	**Dummheit**
stultus, a, um	**dumm, töricht**

TIPP: *Das Gegenteil auf einen Blick:*

scire/novisse	↔	*ignorare*
notus	↔	*ignotus*
peritus	↔	*nescius/ignarus*
prudentia/sapientia	↔	*stultitia*
prudens/sapiens	↔	*stultus*

1.2.4 ÜBERLEGEN UND NACHDENKEN

„1–1000"

cogitare Multa cum animo cogitabam. Quid nunc facere cogitas?	**denken, überlegen, erwägen** Ich machte mir viele Gedanken. Was hast du jetzt vor?
sententia, ae *f* meā sententiā	**Meinung,** *auch* **Sinn, Sinnspruch** meiner Meinung nach
sentire, sentio, sensi, sensum Idem sentio ac tu.	**meinen,** *auch* **fühlen, wahrnehmen** Ich meine dasselbe wie du.
putare aliquem stultum putare	**meinen, glauben, halten für** jdn. für dumm halten
censēre, censeo, censui, censum	**meinen,** *auch* **beschließen** (→ 1.2.5)

iudicare	**meinen,** *auch* **urteilen, Recht sprechen**
arbitrari, arbitror, arbitratus sum	**meinen, glauben**
credere, credo, credidi, creditum crederes	**glauben, vertrauen** man hätte glauben können

„1001–2000“

deliberare	**überlegen, erwägen**
considerare	**überlegen, bedenken**
respicere, respicio, respexi, respectum aetatem alicuius respicere	**berücksichtigen, beachten** auf jds. Alter Rücksicht nehmen
volvere, volvo, volvi, volutum Plurima per noctem volvi.	**erwägen** (*wörtl.* rollen, wälzen, *vgl.* „Probleme wälzen“) In der Nacht habe ich mir viele Gedanken gemacht.
meditari, meditor, meditatus sum + *Akk.*/+ *de* + *Abl.* nihil aliud meditari nisi	**nachdenken über, sinnen auf** an nichts anderes denken als

comparare Aeneas haud raro cum Ulixe comparatur.	**vergleichen** Aeneas wird oft mit Odysseus verglichen.
conferre, confero, contuli, collatum	**vergleichen,** *auch* **zusammentragen, zusammenbringen**
distinguere, distinguo, distinxi, distinctum vera a falsis distinguere	**unterscheiden** Wahres von Falschem unterscheiden
discernere, discerno, discrevi, discretum	**unterscheiden**
discrimen, inis *n*	**Unterschied, Entscheidung,** *auch* **Gefahr, kritischer Augenblick**
anceps, cipitis	**zweideutig, unentschieden**

opinio, onis *f*	**Meinung, Vermutung,** *auch* **guter Ruf**
praeter opinionem	wider Erwarten
opinari, opinor, opinatus sum	**meinen, vermuten**
rēri, reor, ratus sum (*etym.* ratio)	**meinen, glauben,** *auch* **rechnen**
concludere, concludo, conclusi, conclusum	**folgern** (*wörtl.* einschließen, *vgl.* „einen Schluss ziehen“)
conicere, conicio, conieci, coniectum (*etym.* iacere)	**vermuten,** *auch* **schleudern**
suspicari, suspicor, suspicatus sum	**vermuten, argwöhnen**
suspicere, suspicio, suspexi, suspectum	**verdächtigen**
suspicio, onis *f*	**Verdacht**
in suspicionem venire	in Verdacht geraten
odor, oris *m*	**Ahnung, Vermutung** (*wörtl.* Geruch, Geruchssinn)
providēre, provideo, providi, provisum + *Akk.*	**vorhersehen** (→ 2.7)
prospicere, prospicio, prospexi, prospectum + *Akk.*	**vorhersehen** (→ 2.7)

1.2.5 URTEILEN UND SICH ENTSCHEIDEN

„1–1000“

consilium, i *n*	**Rat, Beratung, Plan, Entschluss**

TIPP: *Wendungen:*

consilium habere	*beratschlagen*
consilium capere/inire	*einen Plan fassen*
consilium omittere	*einen Plan aufgeben*
eo consilio, ut	*in der Absicht, dass*

consulere, consulo, consului, consultum	**beraten, befragen,** *auch* **sorgen für, vorgehen gegen**

> ***TIPP:*** *Je nach dem folgenden Fall hat* ***consulere*** *verschiedene Bedeutungen:*
> ***consulere*** *+* ***Akk.*** *–* ***beraten, fragen:*** *Consulamus peritiores! – Fragen wir Erfahrenere um Rat!*
> ***consulere*** *+* ***Dat.*** *–* ***sorgen für:*** *Consules saluti civium consulant. – Die Konsuln sollen für das Wohl der Bürger sorgen.*
> ***consulere*** *+* ***in*** *+* ***Akk.*** *–* ***vorgehen gegen:*** *consulere in servos – gegen die Sklaven Maßnahmen ergreifen.*

existimare	**beurteilen, schätzen**
statuere, statuo, statui, statutum	**beschließen, festsetzen,** *auch* **aufstellen**
constituere, constituo, constitui, constitutum (*etym.* statuere) diem concilio constituere	**beschließen, festsetzen** den Termin für die Versammlung festsetzen
decernere, decerno, decrevi, decretum Caesar Rhenum transire decrevit.	**beschließen, festsetzen** Cäsar beschloss, den Rhein zu überqueren.
iudicare virum idoneum iudicare	**urteilen, halten für,** *auch* **meinen, Recht sprechen** einen Mann für geeignet halten
iudicium, i *n* omnium iudicio	**Urteil,** *auch* **Gericht, Prozess** nach allgemeinem Urteil
dubius, a, um haud dubie	**zweifelhaft, unsicher** zweifellos

„1001–2000“

decretum, i *n* (*etym.* decernere)	**Beschluss**
censēre, censeo, censui, censum	**beschließen,** *auch* **meinen**

> ***TIPP:*** *Für die Bedeutung von* ***censēre*** *ist die Konstruktion wichtig:*
> ***censēre*** *+* ***AcI.*** *–* ***meinen:*** *Cato censuit Carthaginem delendam esse. – Cato war dafür, Karthago zu zerstören. (wörtl. Cato meinte, man müsse Karthago zerstören.)*
> ***censēre*** *+* ***ut/ne*** *–* ***beschließen:*** *Senatus censuit, ut Carthago deleretur. – Der Senat beschloss, Karthago zu zerstören.*

vidēri, videor, visus sum	**beschließen,** *auch* **scheinen, angesehen werden als** (→ 1.2.2)
placet, placuit	**es gefällt, man beschließt** (→ placēre 1.2.7.1)

*TIPP: **Placet** wird häufig unpersönlich gebraucht. Bei **placet** steht immer der Dativ: Mihi placet. – Es gefällt mir. Was gefällt, kann in einem Satz mit **ut/ne** stehen: Senatui placuit, ut Carthago deleretur. – Der Senat beschloss, Karthago zu zerstören. Auch der Infinitiv kann bezeichnen, was gefällt: Eis placuit tabulas intueri. – Sie beschlossen, die Bilder anzusehen. **Placēre** kann aber auch ein Subjekt haben: Hi libri mihi placent. – Diese Bücher gefallen mir.*

iudex, icis *m* (*etym.* ius, dicere)	**Richter**
arbitrium, i *n* (*etym.* arbitrari)	**Urteil, Ermessen**
arbiter, tri *m*	**Schiedsrichter**
aestimare magni/pluris/plurimi aestimare	**beurteilen, schätzen** hoch/höher/sehr hoch schätzen
ducere, duco, duxi, ductum aliquid nefas ducere in latronum numerum duci	**halten für,** *auch* **führen, ziehen** etwas für einen Frevel halten unter die Räuber gerechnet werden
probare consilium probare	**prüfen, billigen** einen Plan billigen

1.2.6 WAHRHEIT, LÜGE UND IRRTUM

„1–1000“

verus, a, um re verā	**wahr, wirklich, echt** in Wirklichkeit
falsus, a, um	**falsch**

errare	**sich irren, sich täuschen**

fallere, fallo, fefelli (*syn.* decipere)	**täuschen, unbemerkt bleiben, entgehen**
Non me fallit te mentiri.	Es entgeht mir nicht, dass du lügst.
spem alicuius fallere	jdn. in seiner Hoffnung täuschen
fingere, fingo, finxi, fictum	**erdichten,** *auch* **formen, gestalten, bilden**
fabula ficta	Märchen

„1001–2000“

error, oris *m*	**Irrtum, Irrfahrt**
errores Ulixis	die Irrfahrten des Odysseus
veritas, atis *f*	**Wahrheit**
decipere, decipio, decepi, deceptum (*syn.* fallere)	**täuschen**
simulare	**vorgeben, so tun als ob**
Marcus se aegrum esse simulat.	Marcus stellt sich krank.
dissimulare	**sich verstellen, verhehlen**
Marcus se aegrum esse dissimulat.	Marcus tut so, als wäre er nicht krank.
omnia dissimulare	alles vertuschen
mentiri, mentior, mentitus sum	**lügen**

1.2.7 GEFÜHLE

1.2.7.1 Bewunderung, Liebe, Verehrung

„1–1000“

placēre, placeo, placui, placitum	**gefallen, zusagen** (→ placet 1.2.5)
(ad-)mirari, (ad-)miror, (ad-)miratus sum	**bewundern, sich wundern**
amare	**lieben**
amor, oris *m*	**Liebe**
amore motus	aus Liebe

carus, a, um	**lieb, wertvoll,** *auch* **teuer**
colere, colo, colui, cultum	**verehren,** *auch* **pflegen, bebauen, ausbilden, bewohnen** (→ 4.5)

„1001–2000“

admiratio, onis *f* (*etym.* admirari) alicui admirationi esse	**Bewunderung, Verwunderung** von jdm. bewundert werden
caritas, atis *f* (*etym.* carus)	**Liebe, liebevolle Zuwendung, Fürsorge,** *auch* **Teuerung, hoher Preis**
mirus, a, um mirum in modum	**erstaunlich, seltsam, wunderbar** auf wunderbare Weise
cultus, us *m* (*etym.* colere)	**Verehrung,** *auch* **Pflege, Bildung, Bearbeitung, Lebensweise**
verecundia, ae *f*	**Scheu, Verehrung,** *auch* **Rücksicht**
verēri, vereor, veritus sum	**sich scheuen, verehren,** *auch* **fürchten**

TIPP: *Achten Sie bei* ***verēri*** *auf die Konstruktion:*
verēri + Infinitivkonstruktion *oder* ***Akkusativobjekt – verehren, sich scheuen****: Vereor in publicum prodire. – Ich scheue mich, öffentlich aufzutreten; deos vereri – die Götter verehren*
verēri + ne/ne non oder ***ut – fürchten****: Vereor, ne sero veniam. – Ich fürchte, zu spät zu kommen.*

diligere, diligo, dilexi, dilectum	**lieben, hoch schätzen**
venerari, veneror, veneratus sum	**anbeten, verehren**

1.2.7.2 Freude

„1–1000“

gaudēre, gaudeo, gavisus sum (*syn.* laetari) in sinu gaudere	**sich freuen** sich ins Fäustchen lachen

gaudium, i *n*	**Freude**
laetitia, ae *f* victoriā laetus	**Freude** froh über den Sieg
delectare	**freuen, erfreuen**
iuvare, iuvo, iuvi, iutum	**freuen, erfreuen,** *auch* **unterstützen, helfen**
iuvat, iuvit Iuvat edere.	**es erfreut, es macht Spaß** Essen macht Spaß.
voluptas, atis *f*	**Vergnügen, Lust, Genuss**

„1001–2000“

laetari, laetor, laetatus sum (+ *de*) + *Abl.* (*etym.* laetitia, *syn.* gaudere) laetari malo alieno	**sich freuen** schadenfroh sein
exsultare	**jubeln**
ridēre, rideo, risi, risum	**lachen, auslachen**
iocus, i *m*	**Scherz, Spaß**

1.2.7.3 Trauer, Schmerz, Mitleid

„1–1000“

tristis, e (*syn.* maestus)	**traurig, übel gelaunt, schmerzlich**
queri, queror, questus sum + *Akk.* Iniuriam sibi illatam questus est.	**klagen, beklagen** Er beklagte sich über das Unrecht, das man ihm angetan hatte.
dolēre, doleo, dolui, doliturus fortunam dolere	**Schmerz empfinden, bedauern** über sein Unglück Schmerz empfinden
dolor, oris *m*	**Schmerz, Kummer**

laborare	**leiden,** *auch* **arbeiten, sich anstrengen**
morbo laborare	an einer Krankheit leiden
labor, oris *m*	**Plage,** *auch* **Arbeit, Mühe, Anstrengung**

„1001–2000"

lugēre, lugeo, luxi, luctum	**trauern, betrauern**
luctus, us *m*	**Trauer**
maerēre, maereo, maerui amici mortem maerere	**trauern, betrauern** über den Tod des Freundes trauern
maestus, a, um (*syn.* tristis) maestus pecuniā amissā	**traurig** traurig über den Verlust des Geldes
tristitia, ae *f* (*etym.* tristis)	**Trauer**
querela, ae *f*	**Klage, Beschwerde**
miserari, miseror, miseratus sum fortunam miserari	**beklagen** sein Schicksal beklagen
(de-)flēre, (de-)fleo, (de-)flevi, (de-)fletum	**weinen, beweinen**
lacrima, ae *f* multis cum lacrimis	**Träne** unter vielen Tränen

miserēri, misereor, miseritus sum + *Gen.* Miserere mei!	**sich erbarmen, Mitleid haben** Erbarme dich meiner!
misericordia, ae *f*	**Mitleid**

consolari, consolor, consolatus sum	**trösten**
solacium, i *n*	**Trost**
placare (*ant.* perturbare)	**beruhigen, versöhnen**

1.2.7.4 Zorn und Abneigung

„1–1000“

ira, ae *f* irā incensus	**Zorn, Wut** in heller Wut
invidia, ae *f* Hoc tibi invidiae erit.	**Abneigung, Neid, Hass** Dafür wird man dich hassen.
odium, i *n* odio esse	**Hass** verhasst sein
odisse, odi	**hassen**
inimicus, i *m* (*ant.* amicus)	**Feind**, *adj.* **feindlich**

contemnere, contemno, contempsi, contemptum	**verachten**

„1001–2000“

irasci, irascor (*etym.* ira)	**zornig werden, zürnen**
iratus, a, um	**zornig, wütend**
iracundia, ae *f*	**Jähzorn**
furor, oris *m*	**Wut, Raserei**
saevus, a, um	**wild, wütend**
indignari, indignor, indignatus sum + *Akk.* (*etym.* dignus) indignari iniuriam	**sich entrüsten, sich aufregen** sich über ein Unrecht empören
aegre ferre, fero, tuli, latum	**empört sein** (*wörtl.* nur mit Mühe ertragen) (→ ferre 1.3.7.2)

invidēre, invideo, invidi, invisum + *Dat.* (*etym.* invidia) Tibi invideo.	**beneiden** Ich beneide dich.
invisus, a, um omnibus invisum esse	**verhasst** allen verhasst sein
infestus, a, um	**feindselig, feindlich**

repellere, repello, reppuli, repulsum	**abweisen, verschmähen,** *auch* **zurücktreiben**

reicere, reicio, reieci, reiectum (*etym.* iacere)	**abweisen, ablehnen,** *auch* **zurückwerfen**
spernere, sperno, sprevi, spretum	**verachten, verschmähen**
aspernari, aspernor, aspernatus sum	**verachten, verschmähen**
repudiare	**zurückweisen, verschmähen**
despicere, despicio, despexi, despectum	**verachten** (*wörtl.* herabsehen)
laedere, laedo, laesi, laesum	**beleidigen, verletzen**
offendere, offendo, offendi, offensum (*ant.* defendere)	**beleidigen, verletzen**

taedium, i *n*	**Ekel**
taedet, taeduit/taesum est	**es ekelt** (→ pudet 1.2.7.5)

1.2.7.5 Furcht und Sorge

„1–1000“

timor, oris *m* timorem inicere	**Furcht, Besorgnis** Furcht einjagen, Furcht einflößen
timēre, timeo, timui Timeo, ne quid tibi accidat. timere saluti suae	**fürchten** Ich fürchte, dass dir etwas zustößt. um sein Leben fürchten
timidus, a, um	**ängstlich**
metus, us *m* metum inicere	**Furcht, Besorgnis** Furcht einjagen, Furcht einflößen
metuere, metuo, metui	**fürchten**
terrēre, terreo, terrui, territum (*v/t*) rumoribus terreri	**erschrecken** sich von Gerüchten erschrecken lassen

terror, oris *m*	**Schrecken**
atrox, ocis	**schrecklich, furchtbar, wild**
cura, ae *f*	**Sorge, Besorgnis,** *auch* **Fürsorge, Sorgfalt**
curis liberatus	sorgenfrei
Res mihi (maximae) curae est.	Die Sache liegt mir (sehr) am Herzen.
cavēre, caveo, cavi, cautum	**sich hüten, achtgeben**
Cave canem!	Nimm dich vor dem Hund in acht!
Cave (, ne) credas!	Glaub das bloß nicht!
sollicitare	**beunruhigen, stark bewegen, aufwiegeln**
perturbare (*etym.* turba, *ant.* placare)	**völlig verwirren, verängstigen**
turba, ae *f*	**Verwirrung,** *auch* **Gedränge, Menschenmenge**

„1001–2000“

verēri, vereor, veritus sum	**fürchten,** *auch* **sich scheuen, verehren** (→ 1.2.7.1)
trepidare	**sich ängstigen, zittern**
Totā urbe trepidatur.	In der ganzen Stadt ängstigt man sich.
horrēre, horreo, horrui + *Akk.*	**schaudern, zittern vor**
crudelitatem tyranni horrere	vor der Grausamkeit des Tyrannen zittern
perterrēre, perterreo, perterrui, perterritum (*v/t*) (*etym.* terrere)	**heftig erschrecken**
terribilis, e	**furchterregend, schrecklich**
formidulosus, a, um	**fürchterlich, schrecklich**
immanis, e	**schrecklich, riesig**

concutere, concutio, concussi, concussum Hoc factum homines concusserat.	**sehr erschrecken, heftig erschüttern** Dieses Ereignis hatte die Menschen sehr erschüttert.
percutere, percutio, percussi, percussum calamitate percussus	**erschüttern,** *auch* **durchbohren** vom Unglück tief getroffen
excitare	**erregen, aufschrecken**
confundere, confundo, confudi, confusum (*etym.* fundere) voces confusae	**verwirren, vermischen** wirres Geschrei
turbare (*etym.* turba)	**verwirren, stören**

imminēre, immineo	**drohen,** *auch* **hereinragen**
instare, insto, institi, instaturus	**drohend bevorstehen, bedrängen**
urgēre, urgeo, ursi Nihil me urget.	**drängen, bedrängen** Ich habe keine Eile.

securus, a, um (*etym.* cura)	**sorglos**
sollicitus, a, um sollicita plebs	**unruhig, besorgt** die erregte Volksmenge
anxius, a, um	**ängstlich, unruhig**
sollicitudo, inis *f* magnā affectus sollicitudine	**Unruhe, Kummer** von großer Unruhe erfüllt

pudor, oris *m* pulso pudore	**Scham** schamlos
pudet, puduit	**es beschämt**
paenitet, paenituit	**es reut**

TIPP: *Bei* ***unpersönlichen Ausdrücken der Empfindung*** *wie* ***pudet, paenitet*** *und* ***taedet*** *steht die Person, die etwas empfindet, im Akkusativ und die Person oder die Sache, auf die sich die Empfindung richtet, im Genitiv:*
Cur te pudet huius facti? – Warum schämst du dich dieser Tat?
Consilii mei me paenitet. – Ich bereue meine Absicht.
Me belli taedet. – Der Krieg ekelt mich an.

1.2.8 BESTREBEN UND ABSICHT

1.2.8.1 Sich bemühen und wollen

„1–1000“

studium, i *n*	**Eifer, Vorliebe,** *auch* **Beschäftigung**
studium discendi	Lerneifer
sine ira et studio	objektiv (*wörtl.* ohne Hass und Parteilichkeit)
studēre, studeo, studui + *Dat.*	**sich bemühen um, streben nach**
studere litteris	sich wissenschaftlich betätigen
id studere, ut	sich darum bemühen, dass
petere, peto, petivi, petitum	**erstreben, zu erreichen versuchen,** *auch* **bitten, verlangen, angreifen**

TIPP: *Mit der Hilfsübersetzung „an etwas heranzukommen versuchen“ lassen sich die verschiedenen Bedeutungen von* ***petere*** *besser erschließen:*

Naves litus petunt.	*Die Schiffe halten Kurs auf die Küste.*
Cicero consulatum petivit.	*Cicero bewarb sich um das Konsulat.*
Alexander telis petebatur.	*Man versuchte, Alexander mit Speerwürfen zu treffen.*
Mons caelum petit.	*Der Berg ragt zum Himmel.*
Marcus ab amicis auxilium petit.	*Marcus bittet die Freunde um Hilfe.*
Fugā salutem petit.	*Er versucht, sich durch Flucht zu retten.*

voluntas, atis *f*	**Wille, Wunsch, Absicht**
voluntate	freiwillig
velle, volo, volui	**wollen**
Quod tibi vis?	Was fällt dir ein?
Velim scribas!	Schriebest du doch!
(suā) sponte	**aus eigenem Antrieb**
Meā sponte hoc feci.	Das habe ich aus eigenem Antrieb getan.

invitus, a, um	**ungern, widerwillig**
Inviti profecti sumus.	Nur ungern sind wir abgereist.
consule invito	gegen den Willen des Konsuls

„1001–2000“

industria, ae *f*	**Fleiß, Unternehmungsgeist**
studiosus, a, um (*etym.* studere)	**eifrig, bedacht auf**
studiosissimus litterarum	ein großer Freund der Wissenschaften
assiduus, a, um	**unermüdlich, beharrlich**
acer, cris, cre	**eifrig,** *auch* **scharf, heftig**
appetere, appeto, appetivi, appetitum (*etym.* petere)	**erstreben, verlangen,** *auch* **angreifen**
appetens gloriae	ruhmgierig
intendere, intendo, intendi, intentum	**beabsichtigen,** *auch* **anspannen, sich anstrengen**
Quod intenderat, perficere potuit.	Was er beabsichtigt hatte, konnte er erreichen.
niti, nitor, nixus sum/nisus sum	**streben,** *auch* **sich stützen**
summā ope niti	sich mit aller Kraft bemühen
impetrare	**durchsetzen, erreichen**
dedere, dedo, dedidi, deditum	**hingeben,** *auch* **übergeben, ausliefern**
litteris se dedere	sich den Wissenschaften widmen

malle, malo, malui (*etym.* magis velle)	**lieber wollen**
nolle, nolo, nolui (*etym.* non velle)	**nicht wollen**
Nollem id dixisses!	Hättest du das doch nicht gesagt!
Noli impudens esse!	Sei nicht unverschämt!
reicere, reicio, reieci, reiectum (*etym.* iacere)	**ablehnen, abweisen,** *auch* **zurückwerfen**
Senatus pacis condiciones reiecit.	Der Senat lehnte die Friedensbedingungen ab.

voluntarius, a, um	**freiwillig**

ultro (*Adv.*)	**von selbst, von sich aus**
libenter (*Adv.*)	**gerne**
libet, libuit/libitum est ut libet	**es beliebt, es gefällt** nach Belieben
aegre (*Adv.*)	**ungern, mit Mühe** (→ ferre 1.3.7.2)

1.2.8.2 Erwarten und hoffen

„1–1000“

spes, spei *f* spem ponere in + *Abl.*	**Hoffnung** seine Hoffnung setzen auf
sperare (*ant.* desperare) sperare salutem/de salute	**hoffen, erhoffen** auf Rettung hoffen

„1001–2000“

exspectare	**warten, erwarten**
manēre, maneo, mansi, mansurus	**erwarten,** *auch* **bleiben, dauern**
intentus, a, um intentis oculis intueri	**gespannt, erwartungsvoll** aufmerksam beobachten
desperare (*ant.* sperare) + *Akk.*/+ de + *Abl.* desperare salutem/de salute	**verzweifeln** die Hoffnung auf Rettung aufgeben
animum demittere, demitto, demisi, demissum	**den Mut sinken lassen**

1.2.8.3 Bitten, fordern, begehren

„1–1000“

precari, precor, precatus sum deos precari	**bitten, beten, anflehen** zu den Göttern beten
preces, um *f* his precibus adductus	**Bitten, Gebet** auf diese Bitten hin

rogare auxilium rogare	**bitten,** *auch* **fragen** um Hilfe bitten
petere, peto, petivi, petitum	**bitten, verlangen,** *auch* **zu erreichen versuchen, erstreben, angreifen** (→ 1.2.8.1)
orare	**bitten, beten,** *auch* **reden**
optare	**wünschen**
quaerere, quaero, quaesivi, quaesitum	**fragen, zu bekommen versuchen,** *auch* **untersuchen, suchen**

***TIPP: quaerere** hat – je nach Konstruktion – unterschiedliche Bedeutung:*
***quaerere + de + Abl. – eine Untersuchung anstellen:** de morte alicuius quaerere – jds. Tod untersuchen*
***quaerere + ab/ex + Abl. – fragen:** Ex te quaero, ubi fueris. – Ich frage dich, wo du warst.*
***quaerere + Akk. – suchen:** Totā urbe te quaesivi. – Ich habe dich in der ganzen Stadt gesucht.*

supplex, icis	**demütig bittend, flehentlich**
postulare	**fordern, verlangen**
poscere, posco, poposci	**fordern, verlangen**

***TIPP: poscere** steht häufig mit **doppeltem Akkusativ**: Verres populum pecuniam poposcit. – Verres forderte Geld vom Volk. Daneben gibt es die Konstruktion mit **Ablativ**, die bei **postulare** die Regel ist: Pater ab filiis auxilium postulat/poscit. – Der Vater verlangt Hilfe von den Söhnen.*

cupere, cupio, cupivi, cupitum res novas cupere	**begehren, wünschen** auf Umsturz aus sein
cupidus, a, um + *Gen.* (*syn.* avidus) gloriae cupidus	**begierig nach** ruhmsüchtig
cupiditas, atis *f* pecuniae cupiditas	**Begierde, Leidenschaft** Geldgier
libido, inis *f* ex libidine	**Begierde, Lust, Willkür** nach Laune

„1001–2000“

implorare	**anflehen, erflehen**
obsecrare orare atque obsecrare	**anflehen, beschwören** inständig bitten
obtestari, obtestor, obtestatus sum Per omnes deos te obtestor, ut ...	**bitten, beschwören** Bei allen Göttern beschwöre ich dich, dass ...
requirere, requiro, requisivi, requisitum (*etym.* quaerere) Multae res requiruntur.	**verlangen,** *auch* **nach etw. fragen, sich erkundigen** Viele Dinge sind erforderlich.
exigere, exigo, exegi, exactum (*etym.* agere)	**fordern,** *auch* **vollenden**
desiderare Te desideramus socium.	**sich sehnen nach, verlangen, vermissen** Dich brauchen wir dringend als Verbündeten.
repetere, repeto, repetivi, repetitum (*etym.* petere)	**zurückfordern,** *auch* **wiederholen**
avidus, a, um (*syn.* cupidus)	**begierig nach**
ambitio, onis *f*	**Ehrgeiz, Bewerbung** (um ein politisches Amt)

1.3 Tun und lassen

1.3.1 FÄHIGKEITEN UND MÖGLICHKEITEN

„1–1000“

posse, possum, potui fieri potuit	**können** es wäre möglich gewesen
potens, ntis	**mächtig**
potestas, atis *f*	**Möglichkeit, Macht,** *auch* **Amtsgewalt, Gelegenheit**
potentia, ae *f*	**Macht, Gewalt**

vis *f, nur Akk.* vim *und Abl.* vi vim adhibere	**Kraft, Gewalt,** *auch* **Menge** Gewalt anwenden
vires, ium *f* summis viribus resistere	**(körperliche) Kräfte,** *auch* **Truppen, Streitkräfte** mit aller Kraft Widerstand leisten
opes, um *f* (*etym.* opulentus) summis opibus	**Hilfsmittel, Macht,** *auch* **Reichtum, Truppen** mit aller Macht
robur, oris *n* (*etym.* robustus)	**Stärke, Kraft**
ratio, onis *f* ratio belli gerendi	**Methode, Art und Weise,** *auch* **Vernunft, Überlegung, Berechnung** Methode der Kriegsführung, Taktik
modus, i *m*	**Art, Weise,** *auch* **Maß**
facultas, atis *f* (*etym.* facere) facultas dicendi	**Fähigkeit, Möglichkeit, Gelegenheit** Rednertalent
facilis, e haud facile (*Adv.*) dictu	**leicht, machbar** schwer zu sagen
difficilis, e (*etym.* facilis)	**schwer, schwierig**
difficultas, atis *f*	**Schwierigkeit**

„1001–2000"

copia, ae *f*	**Möglichkeit,** *auch* **Vorrat, Menge,** *Pl.* **Truppen**
ops, opis *f*	**Kraft, Stärke,** *auch* **Hilfe**

1.3.2 BETÄTIGUNG

„1–1000"

facere, facio, feci, factum	**tun, machen**
factum, i *n*	**Tat, Handlung,** *auch* **Ereignis**
agitare rem publicam agitare	**bewegen, betreiben,** *auch* **jagen, hetzen** den Staat verwalten

agere, ago, egi, actum	**treiben, betreiben, verhandeln**

TIPP: Es gibt zahlreiche Wendungen mit ***agere****:*

Quid agis?	*Wie geht es dir?*
id agere, ut	*darauf bedacht sein, dass*
De me actum est.	*Es ist um mich geschehen.*
Age, dic!	*Los, sprich!*
gratias agere	*danken*
causam agere	*einen Prozess führen*
de pace agere	*über den Friedensschluss verhandeln*
cum aliquo agere facinoris	*gegen jdn. wegen eines Verbrechens klagen*
Cato quartum agebat annum et octogesimum.	*Cato stand im 84. Lebensjahr (*d. h. *war 83 Jahre alt).*

gerere, gero, gessi, gestum	**ausführen, verrichten,** *auch* **tragen**
res bene gesta	Erfolg (*wörtl.* erfolgreich vollbrachte Tat)
versari, versor, versatus sum + *in* + *Abl.*	**tätig sein,** *auch* **sich aufhalten**
exercēre, exerceo, exercui	**üben, betreiben,** *auch* **plagen**
medicinam exercere	die Heilkunst ausüben
praestare, praesto, praestiti, praestaturus + *Akk.*	**leisten, erweisen**

TIPP: Je nach Konstruktion hat ***praestare*** *unterschiedliche Bedeutungen:*

praestare + ***Akk.*** *–* ***leisten, erweisen****: officia diligenter praestare – seine Pflichten gewissenhaft erfüllen*

se praestare – sich zeigen als, sich erweisen als*: Praestate vos clementes! – Zeigt euch nachsichtig!*

praestare + ***Dat.*** *–* ***überlegen sein, übertreffen****: Tibi prudentiā praesto. – Ich bin klüger als du.* (wörtl. *Ich übertreffe dich an Klugheit.)*

praestat – es ist besser*: Praestat ridere quam flere. – Es ist besser, zu lachen als zu weinen.*

officium, i *n*	**Dienst, Dienstleistung, Pflicht**
otium, i *n*	**Muße, Freizeit**
otium cum dignitate	ehrenvoller Ruhestand

negotium, i *n* Quid tibi hic negotii est?	**Tätigkeit, Geschäft** Was hast du hier zu tun?
opera, ae *f* operam dare	**Arbeit, Mühe** sich Mühe geben
labor, oris *m*	**Arbeit, Mühe, Anstrengung**
laborare	**arbeiten, sich anstrengen,** *auch* **leiden**
opus, eris *n*	**Werk, Arbeit**
intendere, intendo, intendi, intentum	**sich anstrengen, anspannen,** *auch* **beabsichtigen**
contendere, contendo, contendi, contentum	**sich anstrengen,** *auch* **eilen, kämpfen, behaupten**

***TIPP:** Ausgehend von der Grundbedeutung „(seine Kräfte) anspannen, sich anstrengen" kann man sich die verschiedenen Bedeutungen von **contendere** besser merken:*
***eilen**: Amicus auxilium ferre contendit. – Der Freund beeilte sich, Hilfe zu bringen.*
***kämpfen**: de principatu contendere – um die Vorherrschaft streiten*
***behaupten**: Contendo hoc numquam factum esse. – Ich behaupte, dass dies nie geschehen ist.*

„1001–2000"

otiosus, a, um (*etym.* otium)	**untätig, unbeschäftigt, ohne öffentliches Amt**
quietus, a, um (*etym.* quiescere)	**ruhig, friedlich**
ludus, i *m* per ludum	**Spiel, Schauspiel,** *auch* **(Grund-)Schule** im Scherz
ludere, ludo, lusi, lusum	**spielen**
omittere, omitto, omisi, omissum omnibus rebus omissis	**unterlassen, übergehen,** *auch* **wegwerfen** unter Hintanstellung aller anderen Dinge
praetermittere, praetermitto, praetermisi, praetermissum	**vorbeigehen lassen, übergehen**

neglegere, neglego, neglexi, neglectum	**vernachlässigen, nicht beachten**
iniurias non neglegere	über Ungerechtigkeiten nicht hinweggehen
praeterire, praetereo, praeterii, praeteritum	**übergehen,** *auch* **vorübergehen**

1.3.3 ANSTÖSSE ZUM HANDELN

„1-1000“

causa, ae *f*	**Ursache, Grund,** *auch* **Prozess, Sache**
movēre, moveo, movi, motum	**bewegen, beeinflussen, verursachen**
suspicionem movere	Verdacht erregen
adducere, adduco, adduxi, adductum (*etym.* ducere)	**veranlassen** (*wörtl.* heranführen)
irā adductus	aus Zorn
perducere, perduco, perduxi, perductum	**veranlassen** (*wörtl.* hinführen)
impellere, impello, impuli, impulsum (*etym.* pellere)	**veranlassen** (*wörtl.* antreiben)
spe impulsus	in der Hoffnung
auctor, oris *m*	**Urheber,** *auch* **Verfasser, Zeuge**
auctoritas, atis *f*	**Ansehen, Einfluss,** *auch* **Beschluss**
auctoritatem maiorum sequi	sich nach dem Beispiel der Vorfahren richten

imperium, i *n*	**Befehl,** *auch* **Reich, Herrschaft**
imperare	**befehlen, gebieten,** *auch* **herrschen**
iubēre, iubeo, iussi, iussum + *Akk.*	**befehlen, beauftragen, anordnen** (→ 3.2)
iussu (*Abl.*) Caesaris	auf Befehl Cäsars
cogere, cogo, coegi, coactum	**zwingen,** *auch* **versammeln**
metu coactus	aus Furcht

mandare	**auftragen,** *auch* **übergeben, anvertrauen**
suadēre, suadeo, suasi, suasum pacem suadere	**(an-)raten, zureden** zum Frieden raten
persuadēre, persuadeo, persuasi, persuasum + *Dat.*	**überreden, überzeugen**

TIPP: *Je nach Konstruktion hat* ***persuadere*** *unterschiedliche Bedeutungen:*
persuadere *+* ***AcI. – überzeugen****: Mihi persuasum est Homerum maximum poetam fuisse. – Ich bin überzeugt davon, dass Homer der größte Dichter war.*
persuadere *+* ***ut/ne – überreden****: Persuadeo tibi, ut maneas. – Ich überrede dich zu bleiben.*
Überzeugt sein *kann sowohl aktivisch als auch passivisch konstruiert werden: Id mihi persuasi = id mihi persuasum est. – Davon bin ich überzeugt.*

exemplum, i *n*	**Beispiel, Vorbild**
imitari, imitor, imitatus sum	**nachahmen**

„1001–2000"

interest	**es ist von Interesse, es liegt** (jdm.) **daran,** *auch* **es ist ein Unterschied**

TIPP: *Bei der unpersönlichen Konstruktion* ***interest*** *steht der, der an etwas interessiert ist, im Genitiv. Ausnahmen sind meā, tuā, nostrā, vestrā (Ablativ Singular Femininum). Der Gegenstand des Interesses wird entweder durch ein neutrales Pronomen (id, hoc, illud* usw.*), durch eine indirekte Frage (*z. B. *quid sentias) oder einen AcI. (*z. B. *te assentiri) bezeichnet. Der Grad des Interesses wird durch Neutra oder Adverbien (multum, nihil, magnopere* usw.*) oder durch den Genitivus pretii (magni, pluris, parvi* usw.*) ausgedrückt:*

Meā	*multum*			*quid sentias.*
Nostrā	*magni*		*interest*	
Amici	*magnopere*			*te assentiri.*
Mir		*viel*		*deiner Meinung.*
Uns	*liegt*		*an*	
Dem Freund		*sehr*		*deiner Zustimmung.*

Bei der Bedeutung „es ist ein Unterschied“ wird „inter“ gebraucht: Multum interest inter te et me. – Zwischen dir und mir besteht ein großer Unterschied.

permovēre, permoveo, permovi, permotum (*etym.* movere)	**heftig bewegen, erregen, veranlassen**
commovēre, commoveo, commovi, commotum (*etym.* movere) misericordiā commotus	**bewegen, beeindrucken, veranlassen** aus Mitleid
lacessere, lacesso, lacessivi, lacessitum proelio lacessere	**reizen, herausfordern** zum Kampf herausfordern

1.3.4 BEGINNEN UND BEENDEN

„1–1000“

incipere, incipio, coepi, inceptum/coeptum Hospites aegre ferre coeperunt.	**anfangen, beginnen** Die Gäste wurden allmählich ärgerlich.
inire, ineo, inii, initum (*etym.* ire) hieme ineunte	**beginnen** (*wörtl.* hineingehen) zu Anfang des Winters
initium, i *n*	**Anfang, Beginn**
committere, committo, commisi, commissum (*etym.* mittere)	**zustande bringen,** *auch* **anvertrauen** (→ 2.6)
suscipere, suscipio, suscepi, susceptum (*etym.* capere) negotium suscipere	**unternehmen, auf sich nehmen** eine Aufgabe übernehmen
parare Proficisci paro.	**vorbereiten, sich anschicken** Ich beabsichtige abzureisen.
efficere, efficio, effeci, effectum (*etym.* facere)	**fertigbringen, bewirken**
perficere, perficio, perfeci, perfectum	**zustande bringen, vollenden, beenden**

conficere, conficio, confeci, confectum	**anfertigen, vollenden,** *auch* **erschöpfen**
itinere confecto	nach Beendigung der Reise
vulneribus confectus	tödlich verwundet
conari, conor, conatus sum	**versuchen**
frustra (*Adv.*)	**vergebens, umsonst**
frustra tempus consumere	seine Zeit verschwenden
cunctari, cunctor, cunctatus sum	**zögern**
Noli cunctari!	Zögere nicht!
dubitare	**zögern, zweifeln**

TIPP: *Achten Sie auf die Konstruktion von* ***dubitare:***
dubitare + Infinitivkonstruktion – zögern: *Num dubitas id facere? – Zögerst du etwa, dies zu tun?*
dubitare + indirekter Fragesatz – zweifeln: *Dubitamus, num hoc verum sit. – Wir bezweifeln, dass dies wahr ist. Bei Verneinung steht* ***quin:*** *Non dubito, quin verum dicas. – Ich zweifle nicht daran, dass du die Wahrheit sagst.*

finire, finio, finivi, finitum (*etym.* finis)	**beenden, begrenzen**
finis, is *m*	**Ende, Grenze, Ziel**
dicendi finem facere	eine Rede beenden
desinere, desino, desii, desitum	**aufhören**
Non desiit flere.	Er hörte nicht auf zu weinen.
exigere, exigo, exegi, exactum (*etym.* agere)	**vollenden,** *auch* **fordern**

„1001–2000“

ordiri, ordior, orsus sum	**anfangen, beginnen**
incohare	**anfangen, beginnen**

TIPP: *Das Gegenteil auf einen Blick:*
incipere/ordiri/incohare ↔ desinere/desistere/omittere

instituere, instituo, institui, institutum (*etym.* statuere)	**anfangen,** *auch* **einrichten, unterrichten**
institutum, i *n* (*etym.* instituere)	**Vorhaben,** *auch* **Einrichtung, Brauch**
principium, i *n*	**Anfang,** *auch* **Grundlage**

inceptum, i *n* (*etym.* incipere)	**Anfang, Beginn,** *auch* **Vorhaben**
subire, subeo, subii, subitum	**auf sich nehmen,** *auch* **herangehen an**
pericula subire	Gefahren auf sich nehmen
adire, adeo, adii, aditum	**auf sich nehmen,** *auch* **herangehen an**
periculum adire	eine Gefahr auf sich nehmen
expedire, expedio, expedivi, expeditum	**frei machen, bereit machen**
naves expedire	die Schiffe segelfertig machen

temptare	**versuchen, angreifen**
morbo temptari	von einer Krankheit befallen werden
experiri, experior, expertus sum (*syn.* conari)	**versuchen, prüfen, erfahren**
Expertus dico.	Ich spreche aus Erfahrung.
nequiquam (*Adv.*)	**vergeblich**

intermittere, intermitto, intermisi, intermissum	**unterbrechen**
differre, differo, distuli, dilatum (*etym.* ferre)	**aufschieben,** *auch* **verschieden sein, sich unterscheiden**
pergere, pergo, perrexi, perrecturus	**fortsetzen,** *auch* **vorrücken**
Perge, qua coepisti!	Mach weiter, wie du begonnen hast!
desistere, desisto, destiti + *Abl.*	**aufhören mit, ablassen von**
consilio desistere	einen Plan aufgeben

1.3.5 ZULASSEN UND HINNEHMEN

„1–1000“

permittere, permitto, permisi, permissum	**erlauben, durchgehen lassen,** *auch* **überlassen**
eā re permissā	nachdem die Erlaubnis dazu gegeben war
concedere, concedo, concessi, concessum	**erlauben, zulassen, nachgeben,** *auch* **zugeben, einräumen** (→ 1.4.3)

pati, patior, passus sum (*etym.* patientia)	**ertragen, aushalten, zulassen**
perferre, perfero, pertuli, perlatum omnia pati et perferre	**ertragen,** *auch* **überbringen** alles erdulden und aushalten
sustinēre, sustineo, sustinui, sustentum labores sustinere	**aushalten, ertragen** Strapazen aushalten

„1001–2000"

venia, ae *f*	**Erlaubnis,** *auch* **Gnade, Verzeihung**
sinere, sino, sivi, situm Non sino te abire.	**lassen, zulassen** Ich lasse dich nicht weggehen.
tolerare sitim tolerare	**erdulden, ertragen** Durst ertragen
sustentare	**aushalten,** *auch* **unterstützen**

1.3.6 ABHALTEN UND HINDERN

„1–1000"

arcēre, arceo, arcui	**fernhalten, abhalten, abwehren**
prohibēre, prohibeo, prohibui, prohibitum itinere prohiberi	**abhalten, hindern, verhindern** am Marsch gehindert werden
impedire, impedio, impedivi, impeditum Valetudo me impedivit, ne ad ludos venirem.	**hindern, verhindern** Meine Gesundheit hat mich davon abgehalten, zu den Spielen zu kommen.

„1001–2000"

abstinēre, abstineo, abstinui, abstentum (+ *a*) + *Abl.* Abstinete verbis! se abstinere a vino	**fernhalten, sich enthalten** Lasst das Reden! keinen Wein trinken

vetare, veto, vetui, vetitum + *Akk.*	**verhindern, verbieten**
Quis nos vetabit?	Wer wird es uns verbieten?
intercedere, intercedo, intercessi, intercessum	**dazwischentreten, Einspruch erheben**
abducere, adduco, abduxi, abductum (*etym.* ducere)	**abbringen,** *auch* **wegführen**

TIPP: *Das Gegenteil auf einen Blick:*
permittere/concedere ↔ vetare

1.3.7 UMGANG MIT DINGEN UND LEBEWESEN

1.3.7.1 Gebrauchen

„1–1000“

quaerere, quaero, quaesivi, quaesitum (*ant.* reperire)	**suchen, zu bekommen versuchen,** *auch* **fragen, untersuchen** (→ 1.2.8.3)
tangere, tango, tetigi, tactum	**berühren**
contingere, contingo, contigi, contactum (*etym.* tangere, *syn.* succedere)	**berühren,** *auch* **gelingen, zuteilwerden**
attingere, attingo, attigi, attactum	**berühren**
uti, utor, usus sum + *Abl.* (*ant.* abuti)	**gebrauchen, benützen,** *auch* **Umgang haben**
occasione uti	die Gelegenheit nützen
pace uti	Frieden halten
usus, us *m*	**Gebrauch, Umgang, Nutzen**
magno usui esse	sehr nützlich sein

„1001–2000“

reperire, reperio, repperi, repertum (*ant.* quaerere)	**(wieder)finden**
invenire, invenio, inveni, inventum	**finden,** *auch* **erfinden, entdecken**

eligere, eligo, elegi, electum (*etym.* legere)	**auswählen, wählen**
adhibēre, adhibeo, adhibui, adhibitum medicum adhibere	**anwenden, hinzuziehen** einen Arzt hinzuziehen
arcessere, arcesso, arcessivi, arcessitum	**herbeiholen, kommen lassen**
niti, nitor, nixus sum/nisus sum	**sich stützen,** *auch* **streben**
frui, fruor, fruitus sum vitā frui	**genießen** das Leben genießen
abuti, abutor, abusus sum + *Abl.* (*ant.* uti)	**missbrauchen**

1.3.7.2 Bewegen

„1–1000"

movēre, moveo, movi, motum castra movere	**bewegen,** *auch* **beeinflussen, verursachen** weiterziehen
motus, us *m* motus animi	**Bewegung, Erregung,** *auch* **Aufstand** Gemütsbewegung
ferre, fero, tuli, latum	**tragen, bringen,** *auch* **ertragen, berichten**

***TIPP: ferre** kommt in zahlreichen Redewendungen vor:*

auxilium ferre alicui	*jdm. Hilfe bringen*
aegre/graviter/moleste ferre aliquid	*über etwas ärgerlich/ ungehalten/unwillig sein*
laudem ferre	*Lob ernten*
responsum ab aliquo ferre	*eine Antwort von jdm. erhalten*
legem ferre	*ein Gesetz einbringen*
in hostes ferri (Mediopassiv)	*auf die Feinde losstürzen*
homo non ferendus	*ein unerträglicher Mensch*
fama fert	*es geht das Gerücht*

conferre, confero, contuli, collatum	**zusammentragen, zusammenbringen,** *auch* **vergleichen**
gerere, gero, gessi, gestum	**tragen,** *auch* **ausführen, verrichten**

portare	**tragen, bringen**
efferre, effero, extuli, elatum laudibus efferre	**hinaustragen, herausheben** rühmen
tollere, tollo, sustuli, sublatum ancoras tollere	**aufheben, erheben, beseitigen** die Anker lichten
volvere, volvo, volvi, volutum volventibus annis	**wälzen, rollen,** *auch* **erwägen** im Lauf der Jahre
vertere, verto, verti, versum terga vertere	**drehen, wenden** fliehen
flectere, flecto, flexi, flexum cursum flectere	**biegen, beugen, wenden** den Kurs ändern
tendere, tendo, tetendi, tentum	**spannen, strecken,** *auch* **streben**
pellere, pello, pepuli, pulsum patriā pellere	**schlagen, stoßen, vertreiben** aus der Heimat vertreiben
expellere, expello, expuli, expulsum	**hinaustreiben,** *auch* **vertreiben, verbannen**
iactare manūs iactare	**werfen, schleudern** gestikulieren
iacere, iacio, ieci, iactum (⚠ iacēre – liegen) lapides iacere	**werfen, schleudern** Steine werfen
conicere, conicio, conieci, coniectum (*etym.* iacere)	**schleudern,** *auch* **vermuten**
proicere, proicio, proieci, proiectum se ad pedes alicuius proicere	**hinwerfen,** *auch* **preisgeben** sich jdm. zu Füßen werfen
inicere, inicio, inieci, iniectum	**hineinwerfen,** *auch* **verursachen**
traicere, traicio, traieci, traiectum	**hinüberwerfen,** *auch* **durchbohren**
deicere, deicio, deieci, deiectum	**umwerfen, niederwerfen**
mittere, mitto, misi, missum legatos de pace mittere	**schicken, senden, werfen, gehen lassen** Gesandte wegen Friedensverhandlungen schicken

dimittere, dimitto, dimisi, dimissum	**entsenden, entlassen,** *auch* **aufgeben**
senatum dimittere	die Senatssitzung beenden
remittere, remitto, remisi, remissum	**nachlassen, zurückschicken**
arma remittere	die Waffen sinken lassen
omittere, omitto, omisi, omissum	**wegwerfen,** *auch* **unterlassen, übergehen**
trahere, traho, traxi, tractum	**ziehen, schleppen**
ab incepto trahere	vom Vorhaben abbringen
ducere, duco, duxi, ductum	**führen, ziehen,** *auch* **halten für**
educere, educo, eduxi, eductum	**herausführen,** *auch* **aufziehen**
legere, lego, legi, lectum	**sammeln, auflesen,** *auch* **lesen, auswählen**
spolia caesorum legere	die Rüstungen der Gefallenen einsammeln
colligere, colligo, collegi, collectum (*etym.* legere)	**sammeln, auflesen**
ponere, pono, posui, positum	**setzen, stellen, legen**
in dubio ponere	in Zweifel ziehen
deponere, depono, deposui, depositum	**niederlegen,** *auch* **aufgeben**

„1001–2000“

moliri, molior, molitus sum	**fortbewegen,** *auch* **bewerkstelligen**
montes sede suā moliri	Berge versetzen
vehere, veho, vexi, vectum (*v/t, Mediopassiv:* → vehi 1.5.1)	**ziehen, fahren, befördern**
currum vehere	den Wagen ziehen
abstrahere, abstraho, abstraxi, abstractum (*etym.* trahere)	**wegziehen, fortschleppen**
abducere, abduco, abduxi, abductum (*etym.* ducere)	**wegführen,** *auch* **abbringen**
in servitutem abduci	versklavt werden

deducere, deduco, deduxi, deductum	**abführen, wegführen**
depellere, depello, depuli, depulsum	**vertreiben, verjagen**
exigere, exigo, exegi, exactum (*etym.* agere)	**heraustreiben,** *auch* **fordern, vollenden**
avertere, averto, averti, aversum	**wegwenden, abwenden,** *auch* **abwehren**
fugare	**vertreiben, verjagen**
repellere, repello, reppuli, repulsum	**zurücktreiben,** *auch* **verschmähen, abweisen**
reicere, reicio, reieci, reiectum (*etym.* iacere)	**zurückwerfen,** *auch* **ablehnen, abweisen**

traducere, traduco, traduxi, traductum (*auch* transducere)	**hinüberführen, hinbringen**
copias flumen traducere	die Truppen über den Fluss führen
transmittere, transmitto, transmisi, transmissum	**hinüberschicken**
transferre, transfero, transtuli, translatum	**hinüberbringen, hinübertragen,** *auch* **übertragen**

sistere, sisto, stiti (*v/t*, *v/i*)	**hinstellen, sich stellen,** *auch* **stehen bleiben**
collocare	**aufstellen, unterbringen**
statuere, statuo, statui, statutum	**aufstellen,** *auch* **beschließen, festsetzen**
arborem statuere	einen Baum pflanzen
erigere, erigo, erexi, erectum (*etym.* regere)	**aufrichten, emporheben**

offerre, offero, obtuli, oblatum	**entgegenbringen, anbieten**
occasione oblatā	wenn sich eine Gelegenheit bietet
imponere, impono, imposui, impositum	**hineinlegen,** *auch* **aufbürden**
populo leges severas imponere	dem Volk strenge Gesetze auferlegen

inferre, infero, intuli, illatum poenam inferre	**hineintragen, zufügen** eine Strafe verhängen
demittere, demitto, demisi, demissum capite demisso	**hinablassen, senken** mit gesenktem Haupt
premere, premo, pressi, pressum	**drücken, bedrängen**
comprimere, comprimo, compressi, compressum	**zusammendrücken,** *auch* **unterdrücken**
contrahere, contraho, contraxi, contractum	**zusammenziehen,** *auch* **einschränken**
figere, figo, fixi, fixum	**heften, befestigen**
affigere, affigo, affixi, affixum cruci (af-)fixus	**anheften, festmachen** ans Kreuz geschlagen, gekreuzigt
carpere, carpo, carpsi, carptum	**pflücken, abreißen**
vellere, vello, velli/vulsi, vulsum	**rupfen, ausreißen**
sternere, sterno, stravi, stratum	**hinbreiten, hinstrecken, niederwerfen**
spargere, spargo, sparsi, sparsum	**streuen, zerstreuen, werfen**

1.3.7.3 Verändern

„1–1000“

reddere, reddo, reddidi, redditum Me iratum reddis.	**zu etw. machen,** *auch* **zurückgeben** Du machst mich zornig.
addere, addo, addidi, additum malum malo addere	**hinzufügen** ein Übel noch verschlimmern
adicere, adicio, adieci, adiectum (*etym.* iacere)	**hinzufügen** (*wörtl.* hinzuwerfen)
augēre, augeo, auxi, auctum (*ant.* minuere)	**vermehren, vergrößern**

confirmare	**stärken, kräftigen,** *auch* **bekräftigen**
mutare	**wechseln, ändern**
miscēre, misceo, miscui, mixtum falsa veris miscere	**mischen, verwirren** Lügen und Wahrheiten vermischen
iungere, iungo, iunxi, iunctum amicitiam iungere	**verbinden, vereinigen** Freundschaft schließen
dividere, divido, divisi, divisum in duas partes dividere	**trennen, teilen, verteilen** in zwei Teile teilen
claudere, claudo, clausi, clausum	**schließen, abschließen, einschließen**
aperire, aperio, aperui, apertum (*ant.* operire)	**öffnen, enthüllen**
solvere, solvo, solvi, solutum vela solvere	**lösen,** *auch* **befreien, zahlen** die Segel setzen

„1001–2000“

redigere, redigo, redegi, redactum (*etym.* agere)	**in einen Zustand versetzen** (*wörtl.* zurücktreiben)
restituere, restituo, restitui, restitutum oppidum restituere	**wiederherstellen** eine Stadt wieder aufbauen
reficere, reficio, refeci, refectum se reficere	**wiederherstellen** sich erholen
minuere, minuo, minui, minutum (*ant.* augere) auctoritatem senatūs minuere	**verkleinern, verringern** das Ansehen des Senats schmälern
debilitare	**schwächen**
levare sitim levare	**leichter machen, erleichtern, in die Höhe heben** den Durst stillen
firmare	**stärken, kräftigen, sichern**

circumdare, circumdo, circumdedi, circumdatum	**umgeben**
cingere, cingo, cinxi, cinctum	**umgürten, umgeben, umzingeln**
concludere, concludo, conclusi, conclusum	**einschließen,** *auch* **folgern**
operire, operio, operui, opertum (*ant.* aperire)	**bedecken, verhüllen**
coniungere, coniungo, coniunxi, coniunctum	**verbinden, vereinigen**
dextras coniungere	sich die Hände geben
componere, compono, composui, compositum	**zusammenstellen, ordnen,** *auch* **verfassen**
disponere, dispono, disposui, dispositum	**verteilen, ordnen**
vigilias per urbem disponere	Wachen in der Stadt postieren
secernere, secerno, secrevi, secretum	**trennen, absondern**
fundere, fundo, fudi, fusum	**ausgießen, zerstreuen**
crines fusi	herabwallende Haare
haurire, haurio, hausi, haustum	**herausschöpfen, (ent-)nehmen**
aquam haurire	Wasser schöpfen
implēre, impleo, implevi, impletum	**anfüllen, ausfüllen, vollgießen**
se vino implere	sich mit Wein volllaufen lassen
explēre, expleo, explevi, expletum	**ausfüllen, anfüllen,** *auch* **befriedigen**
rumpere, rumpo, rupi, ruptum	**brechen, zerreißen**
vincula rumpere	die Fesseln sprengen
erumpere, erumpo, erupi, eruptum	**ausbrechen, hervorbrechen**
frangere, frango, fregi, fractum	**zerbrechen, schwächen**
bracchium frangere	(sich) den Arm brechen

TIPP: *Das Gegenteil auf einen Blick:*

iungere	↔	*solvere/dividere*
claudere/operire	↔	*aperire*
legere/colligere	↔	*fundere*
firmare/confirmare	↔	*debilitare/frangere/conficere*

1.4 Sprache und Verständigung

1.4.1 LAUT UND LIED

„1–1000“

vox, vocis *f* unā voce	**Laut, Stimme, Wort** einstimmig
vocare	**rufen,** *auch* **nennen, benennen**
clamor, oris *m* clamore sublato	**Lärm, Geschrei** unter großem Geschrei
clamare	**schreien, laut rufen**

„1001–2000“

sonus, i *m*	**Ton, Klang**
sonare, sono, sonui	**tönen, klingen**
strepitus, us *m*	**Lärm, Getöse**
fremere, fremo, fremui dentibus fremere	**lärmen, murren, brausen** mit den Zähnen knirschen
rumor, oris *m*	**Geräusch,** *auch* **Gerücht, Ruf**
canere, cano, cecini signum canere	**singen,** (auf einem Instrument) **spielen** das Signal (zum Angriff, zum Rückzug *usw.*) blasen
cantare	**singen**
carmen, inis *n*	**Lied, Gesang, Gedicht,** *auch* **Spruch**

1.4.2 REDEN UND ERZÄHLEN

„1–1000“

lingua, ae *f*	**Sprache,** *auch* **Zunge**
verbum, i *n*	**Wort**

sermo, onis *m* sermonem habere	**Gespräch, Sprache** ein Gespräch führen
dicere, dico, dixi, dictum Homerus caecus fuisse dicitur.	**sagen, behaupten, meinen** Homer soll blind gewesen sein.
inquit, *Pl.* inquiunt	**er/sie sagt, er/sie sagte**
loqui, loquor, locutus sum linguā Latinā loqui	**reden, sprechen** Lateinisch sprechen
orare	**reden,** *auch* **bitten, beten**
orator, oris *m*	**Redner**
oratio, onis *f* orationem habere	**Rede, Vortrag** eine Rede halten
appellare aliquem amicum appellare	**anreden, nennen** jdn. als Freund bezeichnen
narrare	**erzählen, erwähnen**
fabula, ae *f* fabulam narrare	**Erzählung, Fabel, Schauspiel** eine Geschichte erzählen
negare Negat se meminisse.	**leugnen, verneinen, sagen, dass nicht** Er sagt, er erinnert sich nicht.
tacēre, taceo, tacui, tacitum Si tacuisses, philosophus mansisses.	**schweigen, verschweigen** Wenn du geschwiegen hättest, wärst du ein Philosoph geblieben (= hättest du nicht deine Unwissenheit verraten).
tacitus, a, um	verschwiegen

„1001–2000“

nominare	**nennen, benennen**
nomen, inis *n*	**Name**

***TIPP: Nomen** mihi est **Titus**. – Ich heiße Titus. „Titus“ steht wie „nomen“ im Nominativ. Durch Kasusangleichung an „mihi“ kann „Titus“ aber auch im Dativ stehen: **Mihi** est nomen **Tito**.*

vocabulum, i *n*	**Benennung, Name**
vocare aliquem stultum vocare	**nennen, benennen,** *auch* **rufen** jdn. als dumm bezeichnen
affirmare	**behaupten, bestätigen**
contendere, contendo, contendi, contentum	**behaupten,** *auch* **sich anstrengen, eilen, kämpfen** (→ 1.3.2)
ait, *Pl.* aiunt ut aiunt	**er/sie sagt, er/sie sagte** wie das Sprichwort sagt
colloqui, colloquor, collocutus sum inter se colloqui	**sich besprechen** eine Unterredung haben
colloquium, i *n*	**Unterredung, Gespräch**

1.4.3 BERICHTEN, INFORMIEREN, DISKUTIEREN

„1–1000“

ferre, fero, tuli, latum	**berichten,** *auch* **tragen, bringen, ertragen** (→ 1.3.7.2)
referre, refero, rettuli, relatum his nuntiis ad Caesarem relatis	**melden,** *auch* **zurückbringen** als Cäsar diese Nachrichten erhalten hatte
nuntiare	**verkünden, melden**
nuntius, i *m* hoc nuntio allato	**Bote, Nachricht** auf diese Nachricht hin
certiorem facere, facio, feci, factum + *de* + *Abl.*	**informieren über, benachrichtigen von**

„1001–2000“

perferre, perfero, pertuli, perlatum Fama Romam perlata est.	**überbringen,** *auch* **ertragen** Das Gerücht gelangte nach Rom.
deferre, defero, detuli, delatum	**melden,** *auch* **hinabtragen**

memorare + *Akk.* mira memorare	**berichten,** *auch* **erinnern an** wundersame Dinge berichten
commemorare ut supra commemoravimus	**erwähnen,** *auch* **sich erinnern** wie oben erwähnt

indicere, indico, indixi, indictum	**ankündigen, bekannt machen**
declarare	**erklären, verkünden**
explicare	**erklären**
exponere, expono, exposui, expositum rem breviter exponere	**darlegen** eine Sache kurz darstellen
monstrare	**zeigen, vorschreiben**
demonstrare	**zeigen, beweisen, darlegen**
illustrare (*etym.* lux)	**erhellen, erklären** (*wörtl.* Licht (in eine Sache) bringen)
ostendere, ostendo, ostendi	**darlegen, zeigen** (*wörtl.* entgegenstrecken)
ostentare	**zeigen, prahlen**
exprimere, exprimo, expressi, expressum expressis verbis	**ausdrücken, darstellen** ausdrücklich

tractare partem philosophiae tractare	**behandeln, besprechen,** *auch* **umgehen mit** ein Teilgebiet der Philosophie abhandeln
disputare	**erörtern, diskutieren**
disserere, dissero, disserui, dissertum de artibus disserere	**erörtern, sprechen über** über die Künste diskutieren

assentiri, assentior, assensus sum (*etym.* sentire) Id tibi non assentior.	**zustimmen** Darin stimme ich dir nicht zu.
consentire, consentio, consensi, consensum cum consilio consentire	**übereinstimmen** mit dem Beschluss einverstanden sein

dissentire, dissentio, dissensi, dissensum	**uneins sein, widersprechen**
a Sulla dissentire	mit Sulla nicht einer Meinung sein
concedere, concedo, concessi, concessum	**zugeben, einräumen,** *auch* **erlauben, zulassen, nachgeben**

TIPP: *Je nach Konstruktion hat* **concedere** *eine unterschiedliche Bedeutung:*
concedere + AcI.: zugeben, einräumen*: Epicurus concessit deos esse. – Epikur räumte ein, dass es Götter gebe.*
concedere + ut/ne: erlauben, zulassen*: Non concedo, ut abeas. – Ich lasse nicht zu, dass du weggehst.*

disertus, a, um	**redegewandt, beredt**
eloquens, ntis	**redegewandt, beredt**
interpretari, interpretor, interpretatus sum	**auslegen, übersetzen**
interpres, etis *m*	**Dolmetscher, Übersetzer, Vermittler**

1.4.4 FRAGE UND ANTWORT

„1–1000"

rogare	**fragen,** *auch* **bitten**
Patres sententiam rogantur.	Die Senatoren werden um ihre Meinung gefragt (= zur Abstimmung aufgefordert).
quaerere, quaero, quaesivi, quaesitum	**fragen,** *auch* **suchen, zu bekommen versuchen, untersuchen** (→ 1.2.8.3)
requirere, requiro, requisivi, requisitum (*etym.* quaerere)	**nach etw. fragen, sich erkundigen,** *auch* **verlangen**
respondēre, respondeo, respondi, responsum	**antworten,** *auch* **entsprechen**
fatēri, fateor, fassus sum	**gestehen, bekennen**

confitēri, confiteor, confessus sum	**gestehen, bekennen**
Confitere, quod sentias!	Bekenne, was du denkst!
profitēri, profiteor, professus sum	**gestehen, offen bekennen**
sane (*Adv.*)	**gewiss, allerdings**
profecto (*Adv.*)	**tatsächlich, in der Tat**

1.4.5 VERSPRECHEN UND MAHNUNG

„1–1000"

pollicēri, polliceor, pollicitus sum	**versprechen**
montes auri polliceri	goldene Berge versprechen
persuadēre, persuadeo, persuasi, persuasum + *Dat.*	**überzeugen, überreden** (→ 1.3.3)
suadēre, suadeo, suasi, suasum	**(an-)raten, zureden**
Tibi suadeo, ne sero venias.	Ich rate dir, nicht zu spät zu kommen.
hortari, hortor, hortatus sum	**ermahnen, ermuntern**
monēre, moneo, monui, monitum	**ermahnen, warnen**
Moniti sunt, ne hoc experirentur.	Sie wurden davor gewarnt, dies zu versuchen.
admonēre, admoneo, admonui, admonitum	**ermahnen, warnen,** *auch* **erinnern an**

„1001–2000"

promittere, promitto, promisi, promissum	**versprechen**
Plura promittit quam praestat.	Er verspricht mehr, als er hält.
spondēre, spondeo, spopondi, sponsum	**geloben, versprechen**
vovēre, voveo, vovi, votum	**geloben, versprechen**

votum, i *n* Hoc erat in votis. (*Horaz*)	**Wunsch, Gelübde** Das war mein Herzenswunsch.
proponere, propono, proposui, propositum	**vorschlagen, in Aussicht stellen**

1.5 Fortbewegung

1.5.1 KOMMEN UND GEHEN

„1–1000"

ire, eo, ii, itum	**gehen**
exire, exeo, exii, exitum	**herausgehen, ausrücken**
cedere, cedo, cessi, cessum loco cedere	**gehen, weichen** von der Stelle weichen
concedere, concedo, concessi, concessum	**weichen, nachgeben,** *auch* **einräumen, zugeben, zulassen, erlauben** (→ 1.4.3)
iter, itineris *n* iter facere	**Reise, Weg, Marsch** reisen, marschieren
via, ae *f*	**Weg, Straße**
proficisci, proficiscor, profectus sum	**aufbrechen, (ab-)reisen, marschieren**
vehi, vehor, vectus sum (*v/i, Mediopassiv zu* → vehere 1.3.7.2) curru vehi equo vehi nave vehi	**fahren** (*wörtl.* gefahren werden) im Wagen fahren reiten segeln
adire, adeo, adii, aditum senatum adire	**herangehen an, aufsuchen,** *auch* **auf sich nehmen** sich an den Senat wenden
accedere, accedo, accessi, accessum ad urbem accedere huc accessit, ut	**heranrücken, hinzukommen** an die Stadt heranrücken dazu kam, dass
appropinquare	**sich nähern**

venire, venio, veni, ventum Veni, vidi, vici. (*Cäsar*)	**kommen** Ich kam, sah und siegte.
pervenire, pervenio, perveni, perventum	**hinkommen, hingelangen**
adventus, us *m* (*etym.* advenire)	**Ankunft, Anmarsch**
abire, abeo, abii, abitum Nuntii diversis itineribus abierunt.	**weggehen,** *auch* (von einem Amt) **zurücktreten** Die Boten entfernten sich in verschiedene Richtungen.
discedere, discedo, discessi, discessum in tres partes discedere	**weggehen, auseinandergehen, sich zerstreuen** sich in drei Teile spalten
relinquere, relinquo, reliqui, relictum	**verlassen, zurücklassen**
redire, redeo, redii, reditum	**zurückkehren**
convenire, convenio, conveni, conventum	**zusammenkommen,** *auch* **übereinkommen, passen zu**

TIPP: *Bedeutungen und Konstruktionen von* ***convenire:***

convenire ad amicum	*bei einem Freund zusammenkommen*
convenire amicum	*einen Freund besuchen*
Amici in eo manebant, quod convenerant.	*Die Freunde blieben bei dem, was sie vereinbart hatten.*
Pax convenit inter nos.	*Wir einigen uns auf den Frieden.*
Hoc ei/in eum non convenit.	*Das passt nicht zu ihm.*
Res inter se conveniunt.	*Die Sachen passen zusammen.*

sequi, sequor, secutus sum eā, quae secuta est, hieme sequitur, ut	**folgen** im folgenden Winter daraus ergibt sich, dass
consequi, consequor, consecutus sum	**nachfolgen, einholen**
assequi, assequor, assecutus sum	**einholen, erreichen**

„1001–2000“

vestigium, i *n* vestigia alicuius persequi	**Fußspur, Fährte** jdn. verfolgen

vadere, vado Quo vadis?	**gehen, schreiten** Wohin gehst du?
se conferre, confero, contuli, collatum Cicero se in Tusculanum contulit.	**sich begeben** Cicero begab sich auf sein Landgut bei Tusculum.
inire, ineo, inii, initum	**hineingehen,** *auch* **beginnen**
intrare	**betreten**
advenire, advenio, adveni, adventum advenire in urbem Romam	**ankommen, herankommen** in Rom ankommen

TIPP: *Während man im Deutschen nach dem Ort, an dem man ankommt mit „Wo?" fragt, fragt der Lateiner „Wohin?". Deswegen steht nach* ***advenire*** *der Akkusativ der Richtung:* ***in urbem Romam advenire*** *– in Rom ankommen.*

subire, subeo, subii, subitum locum subire	**herangehen an,** *auch* **auf sich nehmen** sich einem Ort nähern
invadere, invado, invasi, invasum	**eindringen, angreifen**
incedere, incedo, incessi, incessum Timor tyrannum incessit.	**einhergehen, schreiten, heranrücken an** Furcht befiel den Tyrannen.
aditus, us *m* (*etym.* adire)	**Zugang**
egredi, egredior, egressus sum	**herausgehen, verlassen**
excedere, excedo, excessi, excessum modum excedere	**hinausgehen, herausgehen** das Maß überschreiten
decedere, decedo, decessi, decessum de vita decedere	**weggehen, vergehen** sterben
obire, obeo, obii, obitum provinciam obire mortem obire	**entgegengehen, herangehen, besuchen** eine Provinz bereisen sterben
obviam ire, eo, ii, itum	**entgegentreten**

transire, transeo, transii, transitum (*v/i, v/t*)	**hinübergehen, überschreiten**
reverti, revertor, reverti	**zurückkehren**
pergere, pergo, perrexi, perrecturus	**vorrücken,** *auch* **fortsetzen**
progredi, progredior, progressus sum	**weitergehen,** *auch* **Fortschritte machen**
procedere, procedo, processi, processum	**vorankommen, vorrücken**
succedere, succedo, successi, successum	**nachrücken, nachfolgen,** *auch* **gelingen**
subsequi, subsequor, subsecutus sum	**nachfolgen,** *auch* **nachahmen**
comitari, comitor, comitatus sum (*etym.* comes) paucis comitantibus	**begleiten** mit wenigen Begleitern
vagari, vagor, vagatus sum	**umherschweifen, sich ausbreiten**
surgere, surgo, surrexi, surrectum Tempestas surgit.	**aufstehen, sich erheben** Ein Sturm kommt auf.

1.5.2 LAUFEN, EILEN, FLÜCHTEN

„1–1000“

currere, curro, cucurri, cursum	**laufen, rennen**
cursus, us *m* cursum tenere	**Lauf, Kurs** Kurs halten
contendere, contendo, contendi, contentum	**eilen,** *auch* **sich anstrengen, kämpfen, behaupten** (→ 1.3.2.)
properare	**eilen, sich beeilen**
celer, eris, ere (*syn.* velox, *ant.* tardus) spe celerius	**schnell, rasch** unerwartet schnell
velox, ocis	**schnell, rasch**

fugere, fugio, fugi + *Akk.*	**fliehen, meiden,** *auch* **entgehen**
hostes fugere	vor den Feinden fliehen
effugere, effugio, effugi + *Akk.* periculum effugere	**entfliehen** der Gefahr entkommen
fuga, ae *f* Fugam capessivit.	**Flucht** Er ergriff die Flucht.
evadere, evado, evasi, evasum	**hinausgehen, entkommen**

„1001–2000"

ruere, ruo, rui, ruiturus Quo ruis?	**stürzen, eilen** Wo rennst du hin?
ferri, feror, latus sum (*Mediopassiv*)	**stürzen, eilen** (→ ferre 1.3.7.2)
festinare Sulla in Italiam redire festinavit.	**eilen, sich beeilen** Sulla kehrte eilig nach Italien zurück.
volare Horae volant.	**fliegen, eilen** Die Stunden vergehen wie im Flug.
occurrere, occurro, occurri, occursum	**entgegeneilen, begegnen**
concurrere, concurro, concurri, concursum	**zusammenlaufen, zusammenstoßen**
celeritas, atis *f* (*etym.* celer)	**Schnelligkeit**
tardus, a, um (*ant.* celer, velox)	**langsam, träge**
persequi, persequor, persecutus sum	**verfolgen,** *auch* **strafen**
fugare (*etym.* fuga)	**vertreiben, verbannen**
recedere, recedo, recessi, recessum	**zurückweichen**
in extremas partes Italiae recedere	sich in die abgelegensten Gebiete Italiens zurückziehen
se recipere, recipio, recepi, receptum (*etym.* capere)	**sich zurückziehen,** *auch* **sich erholen**

1.5.3 VON DER BEWEGUNG ZUR RUHE

„1–1000“

considere, consido, consedi sub arbore considere	**sich setzen, sich niederlassen** sich unter einen Baum setzen
sedēre, sedeo, sedi, sessum	**sitzen**
sedes, is *f* sedibus incertis vagari	**Sitz, Wohnsitz** ohne festen Wohnsitz herumziehen
sistere, sisto, stiti (*v/t*, *v/i*)	**hinstellen, sich stellen, stehen bleiben**
consistere, consisto, constiti	**sich hinstellen, haltmachen,** *auch* **bestehen aus**
stare, sto, steti, staturus	**stehen**
cadere, cado, cecidi, casurus (⚠ caedere – fällen) Sidera cadunt. in servitutem cadere	**fallen, stürzen,** *auch* **in etw. geraten** Die Sterne gehen unter. in Knechtschaft geraten
casus, us *m*	**Fall, Untergang,** *auch* **Fall, Zufall**
concidere, concido, concidi (*etym.* cadere)	**fallen, einstürzen**
incidere, incido, incidi in morbum incidere	**hineinfallen, in etw. geraten** krank werden
praecipitare (*v/i*, *v/t*)	**hinabstürzen**
praeceps, cipitis	**kopfüber,** *auch* **abschüssig, steil**

„1001–2000“

haerēre, haereo, haesi, haesurus (*v/i*) in equo haerere	**hängen bleiben, haften** fest im Sattel sitzen
pendēre, pendeo, pependi (⚠ pendere – abwägen) ex arbore pendere	**hängen** am Baum hängen

ascendere, ascendo, ascendi, ascensum	**hinaufsteigen, besteigen**
murum ascendere	auf die Mauer steigen
descendere, descendo, descendi, descensum	**herabsteigen**
labi, labor, lapsus sum	**sinken, gleiten, herabfallen**
iacēre, iaceo, iacui, iaciturus (⚠ iacere – werfen)	**liegen, daliegen**

2 GESELLSCHAFT UND SOZIALES LEBEN

2.1 Verwandtschaft und Freundschaft

„1–1000“

genus, eris *n*	**Geschlecht, Gattung, Art**
genus hominum	das Menschengeschlecht, die Menschheit
amplissimo genere ortus	aus vornehmstem Geschlecht
gens, gentis *f*	**Geschlecht, Stamm, Volk**
gens Cornelia	der Familienverband/die Sippe der Cornelier
familia, ae *f*	**Familie, Hausgemeinschaft, Dienerschaft**
familiaris, e	**häuslich, vertraut, freundschaftlich**
res familiaris	Vermögen, Besitz
aliquo familiariter uti	mit jdm. in freundschaftlicher Beziehung stehen
pater, tris *m*	**Vater**
pater familiae/-as	Familienoberhaupt, Hausherr
mater, tris *f*	**Mutter**
mater familiae/-as	Hausfrau
uxor, oris *f*	**Gattin**

coniu(n)x, iugis *f*	**Gattin**
frater, tris *m*	**Bruder**
parentes, (i)um *m* (*etym.* parere)	**Eltern**
filius, i *m*	**Sohn**
liberi, orum *m*	**Kinder**
maiores, um *m* more maiorum	**Vorfahren** nach dem Brauch der Vorfahren

amicus, i *m* (*ant.* inimicus)	**Freund**
amicitia, ae *f*	**Freundschaft**
comes, itis *m/f* (*etym.* comitari)	**Begleiter, Begleiterin, Gefährte, Gefährtin**

fides, ei *f*	**Glaube, Treue, Vertrauen,** *auch* **Schutz**

***TIPP: Fides**, ein zentraler römischer Wertbegriff, umfasst im weitesten Sinne die Anerkennung wechselseitiger und vor allem rechtskräftiger Bindungen:*

fidem dare	*sein Wort geben*
fidem facere	*Vertrauen erwecken, Glauben finden*
fidem habere	*Glauben schenken: Tibi fidem habeo. – Ich glaube dir.*
fidem liberare	*sein Wort einlösen, sein Versprechen erfüllen*
fidem praestare/ in fide manere	*treu bleiben: Socii Romanis fidem praestiterunt. – Die Verbündeten hielten den Römern die Treue.*
in fidem recipere	*seinem Schutz unterstellen: Caesar Nervios in fidem populi Romani recepit. – Cäsar unterstellte die Nervier dem Schutz des römischen Volkes.*
fidem prodere/ frangere/laedere	*sein Wort brechen*

fidus, a, um	**treu, zuverlässig**
debēre, debeo, debui, debitum Sorori gratiam debeo.	**schulden, müssen** Ich bin meiner Schwester Dank schuldig.

„1001–2000“

maritus, i *m*	**Ehemann**
matrona, ae *f*	**Ehefrau, verheiratete Frau**

*TIPP: Für das **Heiraten** (matrimonium, i n – Ehe) gibt es, je nach Perspektive, zwei verschiedene Begriffe: Aus Sicht des Mannes heißt es: **aliquam in matrimonium ducere** – (eine Frau) heiraten, aus Sicht der Frau: **alicui nubere** – (einen Mann) heiraten.*

filia, ae *f*	**Tochter**
soror, oris *f*	**Schwester**
avus, i *m*	**Großvater**
nepos, otis *m*	**Enkel, Neffe**
concordia, ae *f*	**Eintracht**
discordia, ae *f*	**Zwietracht**
propinquus, a, um	**verwandt,** *auch* **benachbart**
necessarius, a, um	**verwandt,** *auch* **notwendig, nötig**
confidere, confido, confisus sum (*etym.* fides) viribus confisus	**vertrauen** im Vertrauen auf seine Kräfte
hospes, itis *m*	**Gastgeber, Gast, Fremder**
salutare	**begrüßen**
invitare	**einladen**
conciliare sibi amicos conciliare	**zusammenbringen, (für sich) gewinnen** Freunde gewinnen

2.2 Sitte, Brauch, Gewohnheit

„1–1000“

mos, moris *m* (*syn.* institutum)	**Sitte, Brauch**
idoneus, a, um (*syn.* aptus) locus idoneus ad animum reficiendum	**passend, geeignet, fähig** ein passender Ort zur Erholung
alienus, a, um alieno animo esse ab aliquo	**fremd, abgeneigt, feindselig,** *auch* **unpassend** jdm. feindselig gegenüberstehen
oportet, oportuit Hoc iam prius fieri oportuit.	**es gehört sich, es ist nötig** Das hätte schon früher geschehen müssen.
convenire, convenio, conveni, conventum	**passen zu, übereinkommen,** *auch* **zusammenkommen** (→ 1.5.1)
consuetudo, inis *f* consuetudo amici ex consuetudine	**Gewohnheit, Umgang** Umgang mit dem Freund gewohnheitsmäßig
consuevisse, consuevi sicut fieri consuevit	**gewohnt sein** (etw. zu tun), **pflegen** wie es zu geschehen pflegt

*TIPP: **consuevisse** ist die Perfektform zu **consuescere** – sich gewöhnen: Id cottidie consuevi facere. – Ich habe mich daran gewöhnt, dies täglich zu tun = dies pflege ich täglich zu tun.*

solēre, soleo, solitus sum Hoc quotannis accidere solet.	**gewohnt sein** (etw. zu tun), **pflegen** Dies kommt gewöhnlich in jedem Jahr vor.

„1001–2000“

institutum, i *n* (*syn.* mos)	**Einrichtung, Brauch,** *auch* **Vorhaben**
aptus, a, um (*syn.* idoneus) orator aptus ad dicendum	**passend, geeignet** ein guter Redner
consuescere, consuesco, consuevi, consuetum	**sich gewöhnen** (→ consuevisse)

2.3 Sozialstatus – Anerkennung und Einfluss

„1–1000“

ordo, inis *m*	**Reihe, Klasse, Stand,** *auch* **Ordnung**
ordo senatorius	der Senatorenstand
locus, i *m* (⚠ *Pl.* loca, orum *n*)	**Rang, Ort, Platz**
fama, ae *f*	**Ruf, Gerücht**
fama fert	es geht das Gerücht
famae consulere	für seinen (guten) Ruf sorgen
rumor, oris *m*	**Gerücht, Ruf,** *auch* **Geräusch**
gratia, ae *f*	**Gunst, Dank,** *auch* **Anmut**

TIPP: ***Gratia*** *bedeutet sowohl die Gefälligkeit, die jemand einem anderen erweist (**Gunst**), als auch die daraus resultierende Haltung des Beschenkten (**Dank**). Diese Bedeutungen spiegeln sich auch in einem sozialen Aspekt des alten Rom: Die Angehörigen der Oberschicht traten als Beschützer (patroni) der kleinen Leute auf, die sich ihnen als Schützlinge (clientes) anschlossen. Für die Gunst der patroni, die sich in Rechtsberatung, finanzieller Unterstützung und Lebensmittelspenden zeigte, waren die clientes zu Dank verpflichtet; diese dankbare Gesinnung vieler und deren Sympathien erhöhten das Ansehen und damit auch den politischen Einfluss eines patronus.*

Wendungen:

gratias agere	*danken (mit Worten): Gratias tibi ago. – Ich danke dir.*
gratiam referre	*sich dankbar erweisen (mit Taten), sich revanchieren*
in gratia esse apud plebem	*bei den einfachen Leuten beliebt sein*
in gratiam redire cum uxore	*sich mit seiner Frau wieder vertragen*

gratus, a, um	**dankbar,** *auch* **angenehm**
gloria, ae *f*	**Ruhm, Ehre**
laus, laudis *f*	**Lob, Ruhm**
laudem sibi parere	sich Ruhm erwerben
Hoc tibi laudi non erit.	Das wird dir keine Ehre machen.

laudare	**loben, befürworten**
honos, oris *m* in summo honore esse cursus honorum	**Ansehen, Ehre, Ehrenamt** in höchstem Ansehen stehen die Ämterlaufbahn
decus, oris *n* (*ant.* dedecus)	**Zierde, Schmuck, Würde**
auctoritas, atis *f*	**Ansehen, Einfluss,** *auch* **Beschluss**
dignitas, atis *f*	**Würde, Rang, Ansehen**
dignus, a, um (*ant.* indignus) res memoriā digna	**würdig, wert** eine erwähnenswerte Sache
nobilitas, atis *f* coniuratio nobilitatis	**Berühmtheit, Adel** eine Verschwörung des Adels
nobilis, e nobilissimi civitatis	**edel, adlig** die vornehmsten Bürger der Stadt
clarus, a, um	**klar, hell, berühmt**
praeclarus, a, um	**glänzend, berühmt**
primus, a, um primus adesse	**der Erste** als Erster da sein
princeps, cipis *m* principes philosophorum	**der Erste,** *auch* **Führer, Herrscher** die führenden Philosophen
praeesse, praesum, praefui + *Dat.* qui praesunt	**an der Spitze stehen, befehligen** die Vorgesetzten
valēre, valeo, valui, valiturus multum apud plebem valere	**vermögen, gelten,** *auch* **gesund sein, stark sein** beim Volk großen Einfluss haben

„1001–2000“

gradus, us *m* gradus honoris gradus aetatis	**Schritt, Stufe, Rang** Ehrenstufe Altersstufe
gravitas, atis *f* (*etym.* gravis)	**Ernst, Würde** (*wörtl.* Gewicht)
maiestas, atis *f*	**Größe, Hoheit, Würde**

favēre, faveo, favi, fautum + *Dat.* Di faveant, ut ...	**gewogen sein, begünstigen** Gebe der Himmel, dass ...
praeficere, praeficio, praefeci, praefectum Pompeius classi praefectus est.	**an die Spitze stellen** Pompeius wurde das Kommando über die Flotte übertragen.
cliens, entis *m*	**der Schützling**
patronus, i *m*	**Schutzherr, Beschützer,** *auch* **Verteidiger**
opinio, onis *f*	**guter Ruf,** *auch* **Meinung, Vermutung**
honestus, a, um (*etym.* honos)	**ehrenhaft, angesehen**
insignis, e homo insigni virtute	**ausgezeichnet, auffallend** ein auffallend tüchtiger Mensch
augustus, a, um	**erhaben**
eximius, a, um templum eximie ornatum	**außerordentlich** ein außerordentlich prächtig geschmückter Tempel
egregius, a, um	**hervorragend, ausgezeichnet**
singularis, e	**einzeln, ausgezeichnet**
unicus, a, um	**einzig, einzigartig**
dedecus, oris *n* (*ant.* decus) per dedecus	**Unehre, Schande** schändlich
probrum, i *n* alicui avaritiam probro dare	**Beschimpfung, Schande** jdm. seinen Geiz zum Vorwurf machen
flagitium, i *n*	**Schandtat, Schande**
infamia, ae *f* (*etym.* fama)	**übler Ruf, Schande**
ignominia, ae *f*	**Beschimpfung, Schmach**
indignus, a, um (*ant.* dignus)	**unwürdig**
obscurus, a, um obscuro loco natus	**dunkel, unklar,** *auch* **niedrig** von unbekannter Herkunft
vituperare	**tadeln**

reprehendere, reprehendo, reprehendi, reprehensum	**tadeln**

TIPP:
Das Gegenteil auf einen Blick:
gloria/laus/honos/auctoritas/dignitas/decus ↔ *ignominia/infamia/dedecus*
clarus/praeclarus/egregius ↔ *obscurus*

2.4 Besitz

„1–1000“

res, rei *f*	**Sache, Ding,** *auch* **Lage, Ereignis**
opes, um *f*	**Reichtum,** *auch* **Hilfsmittel, Macht, Truppen**
opibus valere	reich sein, mächtig sein
divitiae, arum *f*	**Schätze, Reichtum**
Magnae divitiae mihi non sunt.	Ich besitze keine großen Reichtümer.
dives, itis	**reich**
pecunia, ae *f* (*syn.* argentum, aes)	**Geld**
copia, ae *f*	**Vorrat, Menge,** *auch* **Möglichkeit,** *Pl.* **Truppen**
copia frumenti	eine Menge Getreide
inopia, ae *f*	**Mangel, Armut, Not**
pauper, eris	**arm**
parare	**erwerben,** *auch* **vorbereiten, sich anschicken**
parere, pario, peperi, partum (⚠ parēre – gehorchen)	**erwerben,** *auch* **gebären, hervorbringen**
sibi divitias parere	Reichtümer erwerben
victoriā partā	als der Sieg errungen war
habēre, habeo, habui, habitum	**haben, halten, besitzen**
possidēre, possideo, possedi, possessum	**besitzen, haben**

esse, sum, fui, futurus + *Dat.* Est mihi domus.	**gehören** Mir gehört ein Haus.
tenēre, teneo, tenui, tentum Magna spes me tenet.	**festhalten, besitzen** Große Hoffnung erfüllt mich.
obtinēre, obtineo, obtinui, obtentum numerum deorum obtinere	**festhalten, besitzen,** (eine Stellung) **behaupten** zu den Göttern gehören

carēre, careo, carui, cariturus + *Abl.* amicis carere	**entbehren, nicht haben** keine Freunde haben
perdere, perdo, perdidi, perditum	**verlieren, zugrunde richten**
amittere, amitto, amisi, amissum	**verlieren**
deesse, desum, defui	**fehlen, abwesend sein,** *auch* **im Stich lassen**
deficere, deficio, defeci, defectum	**ausgehen, fehlen,** *auch* (von einem Bündnispartner) **abfallen**

TIPP: *Wichtige Wendungen:*
Tempus me deficit. – Ich habe keine Zeit.
Pecunia me deficit. – Mir geht das Geld aus.
animo deficere – mutlos werden, den Mut verlieren
a Romanis deficere – von den Römern abfallen

necessitas, atis *f*	**Notwendigkeit**
necessarius, a, um res ad vitam necessariae	**notwendig, nötig,** *auch* **verwandt** lebensnotwendige Dinge
necesse est	**es ist notwendig,** *auch* **es ist unausweichlich**
opus est + *Abl.* (*syn.* egere) Multis rebus mihi opus est.	**es ist nötig, man braucht** Ich brauche vieles.

„1001–2000“

opulentus, a, um (*etym.* opes)	**reich, mächtig**
locuples, pletis	**reich, wohlhabend**
proprius, a, um	**eigen,** *auch* **charakteristisch**

argentum, i *n* (*syn.* pecunia)	**Geld, Silber**
aes, aeris *n* (*syn.* pecunia, ⚠ aër – Luft)	**Geld**
aes alienum, aeris alieni *n* aes alienum facere	**Schulden** (*wörtl.* fremdes Geld) sich verschulden
paupertas, atis *f* (*etym.* pauper)	**Armut**
retinēre, retineo, retinui, retentum parta vix retinere	**zurückhalten, im Besitz behalten** das Erworbene nur mit Mühe behaupten
merēre, mereo, merui, meritum merito	**verdienen, erwerben** verdientermaßen, zu Recht
egēre, egeo, egui + *Abl.* (*syn.* opus est) auxilio egere	**nötig haben, bedürfen** auf Hilfe angewiesen sein

TIPP:
Das Gegenteil auf einen Blick:
dives/opulentus/locuples ↔ pauper
habere/possidere/tenere ↔ carere/egere
parare/parere ↔ perdere/amittere
proprius ↔ alienus

2.5 Handel und Verkehr

„1–1000“

carus, a, um (*ant.* vilis)	**teuer,** *auch* **lieb, wertvoll**
constare, consto, constiti, constaturus Hae res parvi/magni constant.	**kosten,** *auch* **feststehen** Diese Sachen kosten wenig/viel.
emere, emo, emi, emptum domum de aliquo emere	**kaufen** von jdm. ein Haus kaufen
solvere, solvo, solvi, solutum pecuniam debitam solvere	**zahlen,** *auch* **lösen, befreien** Schulden bezahlen
forum, i *n*	**Platz, Marktplatz**

navis, is *f* navem solvere	**Schiff** in See stechen
navigare	**segeln, zur See fahren**
nauta, ae *m*	**Seemann**
velum, i *n* vela dare	**Segel,** auch **Tuch** Segel setzen

„1001–2000“

vilis, e (*ant.* carus)	**billig**
vendere, vendo, vendidi, venditum rem parvi/magni vendere	**verkaufen** eine Sache billig/teuer verkaufen
vēnire, veneo, venii (⚠ venire – kommen)	**verkauft werden** (*wörtl.* ven-ire zum Verkauf gehen)
pendere, pendo, pependi, pensum (⚠ pendēre – hängen) sua parvi pendere	**abwägen, zahlen** sein Eigentum gering schätzen
pretium, i *n*	**Preis**
sumptus, us *m* suo sumptu	**Aufwand, Kosten** auf eigene Kosten
fructus, us *m*	**Ertrag, Nutzen, Gewinn**
lucrum, i *n*	**Gewinn, Vorteil**
caritas, atis *f* (*etym.* carus)	**Teuerung, hohe Lebenshaltungskosten,** *auch* **Liebe, liebevolle Zuwendung, Fürsorge**

commercium, i *n*	**Handel, Verkehr, Umgang**
mercator, oris *m*	**Kaufmann**
merx, mercis *f*	**Ware**
portus, us *m*	**Hafen**
ancora, ae *f*	**Anker**
currus, us *m*	**Wagen**

2.6 Geben und nehmen

„1–1000“

dare, do, dedi, datum	**geben**
praebēre, praebeo, praebui, praebitum	**darreichen, gewähren**
afficere, afficio, affeci, affectum + *Abl.* (*etym.* facere) aliquem laude afficere	**versehen mit** jdn. loben

ēdere, edo, edidi, editum (⚠ edere – essen)	**herausgeben,** *auch* **hervorbringen**
tradere, trado, tradidi, traditum alicui epistulam tradere	**übergeben,** *auch* **überliefern** jdm. einen Brief überbringen
mandare	**übergeben, anvertrauen,** *auch* **auftragen**
committere, committo, commisi, commissum	**anvertrauen,** *auch* **zustande bringen**

***TIPP:** Wendungen:*
suam salutem amico committere – sein Wohlergehen in die Hände des Freundes legen
scelus committere – ein Verbrechen begehen
proelium committere – ein Gefecht liefern

capere, capio, cepi, captum	**fassen, nehmen,** *auch* **ergreifen, erobern**

***TIPP: capere** findet sich in zahlreichen Wendungen:*

consilium	*capere*	*einen Beschluss fassen*
consulatum	*capere*	*das Konsulat antreten*
praemium	*capere*	*eine Belohnung erhalten*
dolorem	*capere*	*Schmerz empfinden*
infamiam	*capere*	*Schande auf sich laden*
quietem	*capere*	*Ruhe finden*
homines liberalitate	*capere*	*die Leute durch Freigebigkeit für sich gewinnen*
urbem	*capere*	*die Stadt einnehmen*
castra	*capere*	*das Lager erobern*
montem	*capere*	*den Berg besetzen*
naves	*capere*	*Schiffe kapern*
mente/animo	*capere*	*begreifen*
⚠ mente captus		*schwachsinnig* (wörtl. *im Geist befangen)*

accipere, accipio, accepi, acceptum (*etym.* capere)	**annehmen, empfangen,** *auch* **vernehmen**
pecuniam accipere	Geld einkassieren, *auch* sich bestechen lassen
sumere, sumo, sumpsi, sumptum	**nehmen**
consumere, consumo, consumpsi, consumptum	**verwenden auf, verbrauchen, vergeuden**
tempus consumere in litteris	seine Zeit auf die Wissenschaften verwenden
rem familiarem consumere	sein Vermögen vergeuden
comprehendere, comprehendo, comprehendi, comprehensum	**ergreifen, zusammenfassen,** *auch* **begreifen**

„1001–2000"

munus, eris *n*	**Geschenk,** *auch* **Aufgabe, Amt**
aliquid muneri dare	etwas als Geschenk geben
donum, i *n*	**Geschenk, Gabe**
donare	**schenken**
largiri, largior, largitus sum	**schenken, spenden**
reddere, reddo, reddidi, redditum	**zurückgeben,** *auch* **zu etw. machen**
tribuere, tribuo, tribui, tributum	**zuteilen, zuweisen, zuschreiben**
Hoc tibi superbiae tribuitur.	Das wird dir als Hochmut ausgelegt.
attribuere, attribuo, attribui, attributum	**zuteilen, zuweisen, zuschreiben**
captare (*etym.* capere)	**zu fassen versuchen, greifen**
misericordiam captare	auf Mitleid aus sein
capessere, capesso, capessivi, capessitum	**ergreifen**
praedam capessere	sich die Beute schnappen

arripere, arripio, arripui, arreptum (*etym.* rapere)	**an sich reißen**
morbo arripi	von einer Krankheit befallen werden
corripere, corripio, corripui, correptum	**ergreifen, zusammenraffen**
adimere, adimo, ademi, ademptum	**wegnehmen, rauben**
omnem spem adimere	alle Hoffnung rauben
demere, demo, dempsi, demptum	**wegnehmen, abnehmen**
arma demere	entwaffnen
auferre, aufero, abstuli, ablatum (*etym.* ferre)	**wegnehmen, wegtragen**
se aufferre	sich entfernen, verschwinden
curas aufferre	Sorgen beheben
removēre, removeo, removi, remotum	**wegschaffen, entfernen**

adipisci, adipiscor, adeptus sum	**erlangen, bekommen**
Romulus regnum adeptus est.	Romulus erlangte die Königsherrschaft.
nancisci, nanciscor, na(n)ctus sum	(zufällig) **erlangen**
Captivus occasionem nactus effugit.	Der Gefangene floh, als sich ihm zufällig eine Gelegenheit bot.
potiri, potior, potitus sum + *Abl.*	**sich bemächtigen, erlangen**

__TIPP:__ Potiri wird gewöhnlich mit Ablativ konstruiert: __magnā praedā potiri__ – reichliche Beute machen, aber: __rerum__ (Genitiv!) __potiri__ – die Macht an sich reißen, sich der Herrschaft bemächtigen.

excipere, excipio, excepi, exceptum (*etym.* capere)	**herausnehmen, aufnehmen**
recipere, recipio, recepi, receptum	**zurücknehmen, aufnehmen**
fugā se recipere	sich fluchtartig zurückziehen
terere, tero, trivi, tritum	**aufbrauchen** (*wörtl.* (ab-)reiben)
tempus terere	Zeit vergeuden/unnütz verstreichen lassen

2.7 Helfen und schaden

„1–1000“

auxilium, i *n* auxilio venire	**Hilfe** zu Hilfe kommen
salus, utis *f* saluti esse	**Rettung, Wohl**, *auch* **Gesundheit** zur Rettung dienen
(ad-)iuvare, (ad-)iuvo, (ad-)iuvi, (ad-)iutum + *Akk.* Adiuvate me!	**helfen**, *auch* **erfreuen** Helft mir!
adesse, adsum, affui/adfui Adeste mihi!	**beistehen** (*wörtl.* da sein) Helft mir!
servare	**bewahren, retten**
conservare	**bewahren, retten**
alere, alo, alui, altum	**ernähren, fördern**
curare (*syn.* providere, prospicere)	**sorgen für, besorgen, pflegen**

custos, odis *m/f*	**Wächter, Wächterin**
tutus, a, um tutus a periculo	**geschützt, sicher** vor der Gefahr sicher
tegere, tego, texi, tectum muro tectus	**decken, bedecken, schützen** durch eine Mauer geschützt

usus, us *m* (*syn.* bonum) (magno) usui esse	**Nutzen**, *auch* **Gebrauch, Umgang** von (großem) Nutzen sein, (sehr) nützlich sein
prodesse, prosum, profui Divitiae mihi prosunt.	**nützen** Reichtum nützt mir.
onus, eris *n*	**Last, Bürde**

vexare conscientiā vexari	**quälen** vom (schlechten) Gewissen gequält werden
vulnus, eris *n* (*etym.* vulnerare) vulnera accipere	**Wunde, Schmerz** verwundet werden

„1001–2000“

providēre, provideo, providi, provisum + *Dat.*	**sorgen für**
prospicere, prospicio, prospexi, prospectum + *Dat.*	**sorgen für**

> ***TIPP:*** *Je nach dem folgenden Fall haben* ***providēre/prospicere*** *unterschiedliche Bedeutung:*
> ***providēre/prospicere*** *+* ***Akk.*** *–* ***vorhersehen****: futura providere – die Zukunft voraussehen,*
> ***providēre/prospicere*** *+* ***Dat.*** *–* ***sorgen für****: saluti suae prospicere – für sein Wohlergehen sorgen.*

sublevare	**aufrichten, unterstützen**
subvenire, subvenio, subveni, subventum	**zu Hilfe kommen**
amicis subvenire	den Freunden zu Hilfe kommen
succurrere, succurro, succurri, succursum	**zu Hilfe eilen,** *auch* **in den Sinn kommen**
protegere, protego, protexi, protectum	**schützen**
tuēri, tueor, tuitus/tutatus sum (*etym.* tutus)	**beschützen,** *auch* **anschauen**
ad tuendam libertatem	zum Schutz der Freiheit
custodire, custodio, custodivi, custoditum (*etym.* custos)	**bewahren, bewachen**
utilis, e (*etym.* usus)	**nützlich**
bonum, i *n* (*syn.* usus)	**Nutzen,** *auch* **das Gut, gute Eigenschaft**
bono esse	vorteilhaft sein
commodum, i *n*	**Vorteil**
commodo esse	von Vorteil sein
praemium, i *n*	**Belohnung**
praemium exponere	eine Belohnung aussetzen
beneficium, i *n* (*etym.* bene, facere)	**Wohltat, Auszeichnung**
ops, opis *f*	**Kraft, Stärke,** *auch* **Hilfe**

fatigare	**quälen, ermüden**
vulnerare (*etym.* vulnus)	**verwunden**
violare	**verletzen, misshandeln**
laedere, laedo, laesi, laesum fidem laedere	**verletzen, beleidigen** sein Wort brechen
offendere, offendo, offendi, offensum (*ant.* defendere) animum alicuius offendere	**verletzen, beleidigen** jdn. beleidigen
contumelia, ae *f*	**Kränkung, Schmach**

damnum, i *n*	**Schaden, Verlust**
detrimentum, i *n* Videant consules, ne quid detrimenti res publica capiat!	**Schaden** Die Konsuln sollen darauf achten, dass der Staat keinen Schaden nimmt!
nocēre, noceo, nocui, nocitum	**schaden**
obesse, obsum, obfui	**schaden**
molestus, a, um (*etym.* moliri) moleste ferre, quod	**lästig, beschwerlich** darüber ärgerlich sein, dass

3 STAAT UND POLITIK

3.1 Bevölkerung und Staatsgebiet

„1–1000“

populus, i *m*	**Volk**
gens, gentis *f*	**Stamm, Volk,** *auch* **Geschlecht** (→ 2.1)
patria, ae *f* (*etym.* pater)	**Heimat, Vaterland**

res publica, rei publicae *f*	**Staat, Politik, Staatsgeschäfte**

***TIPP:** Wichtige Ausdrücke mit **res publica**:*

rem publicam capessere/ ad rem publicam accedere	*die politische Laufbahn einschlagen*
in re publica versari	*sich politisch betätigen*
Non est e re publica.	*Es liegt nicht im Interesse des Staates.*
in optima re publica	*unter günstigen politischen Verhältnissen*
rei publicae forma	*Verfassung*

publicus, a, um vincula publica	**öffentlich, staatlich** Staatsgefängnis
privatus, a, um (*Adv.* privatim)	**privat, persönlich**
civis, is *m* societas civium	**Bürger, Mitbürger** Gemeinschaft der Bürger
civitas, atis *f*	**Staat, Gemeinde, Bürgerschaft,** *auch* **Bürgerrecht**
civilis, e bellum civile	**bürgerlich, öffentlich, staatlich** (→ ius 3.4) Bürgerkrieg
communis, e salus communis	**öffentlich,** *auch* **gemeinsam, allgemein** Gemeinwohl
finis, is *m* Rubico erat finis Galliae.	**Grenze, Ziel, Ende** Der (Fluss) Rubikon bildete die Grenze Galliens.
fines, ium *m*	**Gebiet**
imperium, i *n* imperium Romanum	**Reich,** *auch* **Befehl, Herrschaft** das Römische Reich

„1001–2000“

natio, onis *f* (*etym.* nasci)	**Volk, Volksstamm,** *auch* **Abstammung**
societas, atis *f*	**Gemeinschaft, Gesellschaft,** *auch* **Verbindung**
finitimus, a, um gentes finitimae	**angrenzend, nahe stehend** Nachbarstämme

propinquus, a, um	**benachbart,** *auch* **verwandt**
vicinus, a, um	**benachbart,** *subst.* **Nachbar**
limes, itis *m*	**Grenze, Grenzwall, Pfad**
Romanus, a, um	**römisch,** *subst.* **Römer**
Graecus, a, um	**griechisch,** *subst.* **Grieche**

3.2 Freiheit und Bindung

„1–1000"

libertas, atis *f* libertate uti	**Freiheit, Unabhängigkeit** frei sein
liber, era, erum liber atque solutus	**frei, ungebunden** völlig ungebunden
liberare aliquem periculo liberare	**befreien, freisprechen** jdn. aus der Gefahr befreien
licentia, ae *f*	**Freiheit, Willkür, Zügellosigkeit**
licet, licuit	**es ist erlaubt**

***TIPP: licet** wird mit Kasusangleichung konstruiert: Nunc tibi licet otioso esse. – Jetzt darfst du ausruhen. **Licet** + **Konjunktiv** wird mit **mag auch**, **wenn auch** übersetzt: Licet omnes fremant, dicam, quod sentio. – Wenn auch alle murren, ich werde meine Meinung sagen (*wörtl. *es ist (ja) erlaubt, dass alle murren, ich will (dennoch) meine Meinung sagen).*

servitus, utis *f* servitutem servire	**Sklaverei, Knechtschaft** in Knechtschaft leben
servus, i *m*	**Sklave**
serva, ae *f*	**Sklavin**
servire, servio, servivi, servitum vitiis servire	**dienen, Sklave sein** Lastern frönen
dominus, i *m*	**Herr**

domina, ae *f*	**Herrin**
iubēre, iubeo, iussi, iussum + *Akk.*	**befehlen, beauftragen, anordnen**

*TIPP: In der aktiven Konstruktion wird **iubēre** mit AcI. gebildet: **Tarquinius milites arcem claudere iussit**. – Tarquinius befahl den Soldaten, die Burg zu schließen. Wird die Person, der etwas befohlen wird, nicht genannt, dann erscheint der Infinitiv im Passiv: **Tarquinius arcem claudi iussit**. – Tarquinius befahl, die Burg zu schließen. In der passivischen Konstruktion wird der NcI. verwendet: **Milites arcem claudere iussi sunt**. – Den Soldaten wurde befohlen, die Burg zu schließen. Eine persönliche Konstruktion tritt auch dann ein, wenn die beauftragte Person nicht genannt ist: **Arx claudi iussa est**. – Man befahl, die Burg zu schließen.*

imperium, i *n*	**Befehl, Herrschaft,** *auch* **Reich**
imperium maritimum	Oberkommando zur See
imperator, oris *m*	**Herrscher, Kaiser, Feldherr**
imperare + *Dat.*	**befehlen, herrschen, gebieten**
finitimis gentibus imperare	die Nachbarvölker beherrschen
regnum, i *n*	**Königreich, Herrschaft**
rex, regis *m*	**König**
regere, rego, rexi, rectum	**lenken, leiten, regieren**
regnare	**herrschen**
Tarquinio regnante	unter der Herrschaft des Tarquinius
princeps, cipis *m*	**Führer, Herrscher,** *auch* **der Erste**
principes civitatis	die führenden Männer des Staates

potentia, ae *f* (*etym.* posse)	**Macht, Gewalt**
potestas, atis *f*	**Macht, Amtsgewalt,** *auch* **Möglichkeit, Gelegenheit**
populi potestas	Macht des Volkes
coërcēre, coërceo, coërcui, coërcitum	**zusammenhalten, zügeln,** *auch* **strafen**
iram coercere	den Zorn bezwingen

cogere, cogo, coegi, coactum In patriam redire coactus sum.	**zwingen,** *auch* **versammeln** Ich wurde gezwungen, in die Heimat zurückzukehren.
parēre, pareo, parui, pariturus (*syn.* obsequi, oboedire, ⚠ parere – hervorbringen)	**gehorchen**

„1001–2000"

servitium, i *n* aliquem in servitium ducere	**Sklaverei, Knechtschaft** jdn. versklaven
servilis, e	**Sklaven-, sklavisch**
libertus, i *m*	**Freigelassener, ehemaliger Sklave**

dicio, onis *f* (*etym.* dicere) sub dicione alicuius esse	**Gewalt, Herrschaft** unter jds. Herrschaft stehen
tyrannus, i *m*	**Gewaltherrscher, Tyrann**
potiri, potior, potitus sum	**sich bemächtigen,** *auch* **erobern** (→ 2.6)
comprimere, comprimo, compressi, compressum (*etym.* premere)	**unterdrücken,** *auch* **zusammendrücken**
opprimere, opprimo, oppressi, oppressum	**unterdrücken,** *auch* **überwältigen**
tributum, i *n*	**Tribut, Abgabe, Steuer**
stipendium, i *n* Populi subacti stipendia pependerunt.	**Steuer, Abgabe,** *auch* **Kriegsdienst, Sold** Die unterworfenen Völker mussten Steuern zahlen.

parcere, parco, peperci, parsurus + *Dat.* Parce valetudini tuae!	**schonen,** *auch* **sparen** Nimm Rücksicht auf deine Gesundheit!
temperare irae (*Dat.*) temperare rem publicam bonis legibus temperare	**schonen, mäßigen,** *auch* **ordnen** den Zorn mäßigen den Staat durch gute Gesetze ordnen

obsequi, obsequor, obsecutus sum (*syn.* parēre)	**gehorchen**
oboedire, oboedio, oeboedivi, oboeditum (*syn.* parēre)	**gehorchen**

3.3 Staatsverwaltung

„1–1000"

magistratus, us *m* magistratum gerere	**Beamter, Amt, Behörde** ein Amt ausüben
munus, eris *n* munere fungi	**Amt, Aufgabe,** *auch* **Geschenk** ein Amt verwalten
abire, abeo, abii, abitum	(von einem Amt) **zurücktreten,** *auch* **weggehen**
provincia, ae *f*	**Amtsbezirk, Provinz**
consulatus, us *m*	**Konsulat, Amt des Konsuls**
consul, ulis *m* (*etym.* consulere) Cn. Pompeio (et) M. Crasso consulibus	**Konsul, leitender Staatsbeamter in Rom** unter dem Konsulat von Gnaeus Pompeius und Marcus Crassus
senatus, us *m* senatūs consultum	**Senat** (Rat der Alten in Rom) Senatsbeschluss
senator, oris *m* (*etym.* senex)	**Senator, Mitglied des Senats**
patres, um *m* Patres conscripti! (*Anrede*)	**die Senatoren** Meine Herren Senatoren!
tribunus, i *m* tribunus plebis tribunus militaris	**Tribun** Volkstribun (gewählt als Interessenvertreter der Plebejer gegen Übergriffe des Adels und der Beamten) Militärtribun (militärischer Dienstgrad)
partes, ium *f* (*Pl. von* pars – Teil)	(große) **Partei**
factio, onis *f*	(kleine) **Partei, politische Gruppe**

plebs, plebis *f*	**Volksmenge, nicht adliges Volk, Plebejer**
vulgus, i *n*	**Volk, breite Masse, Pöbel**
deligere, deligo, delegi, delectum (*etym.* legere) aliquem consulem deligere	**auswählen** jdn. zum Konsul wählen
concilium, i *n* in concilio adesse	**Versammlung** an einer Versammlung teilnehmen
foedus, eris *n* (*syn.* pactum) foedera violare/rumpere	**Bündnis, Vertrag** Verträge brechen
condicio, onis *f* eā condicione, ut/ne	**Bedingung** unter der Bedingung, dass/dass nicht
pax, pacis *f* de pace agere	**Frieden** über den Frieden verhandeln
socius, i *m*	**Verbündeter, Bundesgenosse,** *auch* **Gefährte,** *adj.* **verbündet, gemeinsam**

„1001–2000“

administrare	**leiten, verwalten**
fungi, fungor, functus sum + *Abl.* Verres munere pessime functus est. officio fungi	**verwalten, verrichten** Verres verwaltete sein Amt äußerst schlecht. seine Pflicht tun
populares, ium *m*	**Volkspartei, Popularen**
optimates, (i)um *m* (*etym.* optimus)	**Adelspartei, Optimaten**
contio, onis *f*	**Versammlung, Volksversammlung**
conventus, us *m* (*etym.* convenire)	**Zusammenkunft, Versammlung**
coetus, us *m* coetūs occulti	**Zusammenkunft, Versammlung** geheime Zusammenkünfte

pactum, i *n* (*syn.* foedus)	**Vertrag**
in pacto manere	sich an den Vertrag halten
principatus, us *m*	**der Prinzipat** (die von Kaiser Augustus geschaffene Herrschaftsform), *auch* **die erste Stelle**

3.4 Rechtswesen

„1–1000“

ius, iuris *n*	**Recht,** *auch* **Vorrecht, Macht**

***TIPP:** Wichtige Wendungen:*

ius est	*es ist rechtens*
optimo iure	*mit vollem Recht*
nullum ius	*Rechtlosigkeit*
iuris consultus	*rechtskundig*
in ius vocare	*vor Gericht bringen, anklagen*
ius dicere/reddere	*Recht sprechen*
ius suum persequi	*sein Recht geltend machen*
sui iuris esse	*sein eigener Herr sein*

*Das **ius civile** erfasst die speziellen Rechtsbestimmungen der Römer im Gegensatz zum **ius gentium**, den allen Völkern gemeinsamen Rechtsnormen.*

iustitia, ae *f*	**Gerechtigkeit**
iustus, a, um	**gerecht**
iniustus, a, um	**ungerecht**
iniuria, ae *f*	**Unrecht, Ungerechtigkeit, Beleidigung**
iniuriam facere	Unrecht tun
iudicium, i *n*	**Prozess, Gericht, Urteil**
reum in iudicium adducere	einen Angeklagten vor Gericht stellen
iudicare	**Recht sprechen, urteilen,** *auch* **meinen**
lex, legis *f*	**Gesetz, Gebot, Bedingung**
legem ferre/rogare	ein Gesetz einbringen/beantragen
eā lege, ut	unter der Bedingung, dass

rectus, a, um	**richtig, gerade,** *auch* **geradeaus**
causa, ae *f*	**Prozess, Sache,** *auch* **Grund, Ursache**
causam alicuius dicere	jdn. vor Gericht verteidigen (*wörtl.* jds. Sache vortragen)
dies causae dicendae	Prozesstermin
crimen, inis *n* (*syn.* delictum)	**Anklage, Vorwurf, Vergehen**
alicui aliquid crimini dare	jdm. etw. zum Vorwurf machen
scelus, eris *n*	**Verbrechen, Frevel**
facinus, oris *n*	**Tat, Untat, Verbrechen**
poena, ae *f*	**Strafe**
poenas dare	bestraft werden
supplicium, i *n* (*etym.* supplex)	**Todesstrafe,** *auch* **Flehen, Bitten**
supplicio affici	hingerichtet werden

„1001–2000“

iudex, icis *m* (*etym.* ius, dicere)	**Richter**
legitimus, a, um (*etym.* lex)	**gesetzlich, rechtmäßig**
observare	**beachten, befolgen**
iurare	**schwören**
per deos iurare	bei den Göttern schwören
culpa, ae *f*	**Schuld**
vacare culpā	unschuldig sein
delictum, i *n* (*syn.* crimen)	**Vergehen**
peccare	**etw. verkehrt machen**
Multa peccantur.	Es werden viele Fehler gemacht.
corrumpere, corrumpo, corrupi, corruptum	**bestechen, verderben**
mores corrupti	**Sittenverfall**
sceleratus, a, um (*etym.* scelus)	**verbrecherisch**

scelestus, a, um	**verbrecherisch**
reus, i *m*	**Angeklagter**
accusare Reus multorum scelerum accusatus est.	**anklagen, beschuldigen** Der Angeklagte wurde vieler Verbrechen beschuldigt.
arguere, arguo, argui aliquem sceleris arguere	**anklagen, beschuldigen** jdn. eines Verbrechens bezichtigen
argumentum, i *n*	**Beweis, Grund,** *auch* **Thema/ Inhalt eines literarischen Werks**
testimonium, i *n*	**Beweis, Zeugnis**
testari, testor, testatus sum	**bezeugen, als Zeugen anrufen**
testis, is *m*	**Zeuge**

TIPP: *In dem Wort* ***testis*** *sind die Stämme* ***ter(tius)*** *und* ***stare*** *enthalten:* ***testis*** *ist der, der als Dritter dabeisteht, wenn zwei sich streiten.*

convincere, convinco, convici, convictum aliquem sceleris convincere	**überführen, widerlegen** jdn. eines Verbrechens überführen
detegere, detego, detexi, detectum	**aufdecken, enthüllen**
punire, punio, punivi, punitum	**bestrafen, Rache nehmen**
ulcisci, ulciscor, ultus sum + *Akk.*	**strafen, rächen, sich rächen**

TIPP: *Für die Übersetzung von* ***ulcisci*** *ist jeweils der Sinnzusammenhang maßgeblich:*

ulcisci amicum	*– für den Freund Rache nehmen, den Freund rächen*
ulcisci inimicum	*– sich am Feind rächen, den Feind bestrafen*
ulcisci iniuriam amici	*– (sich für) das Unrecht rächen, das dem Freund zugefügt worden ist*
ulcisci socios pro perfidia	*– sich an den Bundesgenossen für die Treulosigkeit rächen*

vindicare	**bestrafen,** *auch* **beanspruchen, befreien**
animadvertere, animadverto, animadverti, animadversum (*etym.* animus, vertere) + in + *Akk.*	**strafen, vorgehen gegen,** *auch* **achtgeben, bemerken**
coërcēre, coërceo, coërcui, coërcitum	**strafen,** *auch* **zusammenhalten, zügeln**
multare	**bestrafen**
damnare proditionis damnare pecuniā damnare	**verurteilen** wegen Verrats verurteilen zu einer Geldstrafe verurteilen
condemnare	**verurteilen**
vinculum, i *n* (*etym.* vincire) in vincula conici	**Fessel,** *Pl.* **Gefängnis** ins Gefängnis geworfen werden
carcer, eris *m*	**Gefängnis**
exilium, i *n*	**Verbannung**
exul, ulis *m*	**Verbannter**
expellere, expello, expuli, expulsum	**vertreiben, verbannen,** *auch* **hinaustreiben**
crux, crucis *f*	**Kreuz, Kreuzigung**
venia, ae *f* veniam rogare veniam dare	**Verzeihung, Gnade,** *auch* **Erlaubnis** um Gnade bitten verzeihen
ignoscere, ignosco, ignovi, ignotum	**verzeihen**
absolvere, absolvo, absolvi, absolutum	**freisprechen,** *auch* **vollenden** (*wörtl.* lösen)
liberare liberare culpā	**freisprechen, befreien** von der Schuld freisprechen

3.5 Krieg und Gewalttat

3.5.1 KAMPF UND KONFLIKT

„1–1000“

seditio, onis *f* seditionem facere	**Aufruhr, Meuterei** einen Aufstand machen
bellum, i *n* bellum gerere bellum ducere	**Krieg** einen Krieg führen den Krieg in die Länge ziehen
proelium, i *n* proelium committere	**Schlacht, Kampf** eine Schlacht liefern
pugna, ae *f*	**Kampf, Gefecht**
pugnare	**kämpfen**
certare	**kämpfen, wetteifern**
hostis, is *m*	**Feind**
adversarius, i *m*	**Gegner,** *adj.* **gegnerisch**
impetus, us *m* impetum facere	**Ansturm, Angriff,** *auch* **Drang** angreifen
aggredi, aggredior, aggressus sum	**angreifen**
petere, peto, petivi, petitum	**angreifen,** *auch* **erstreben, verlangen, zu erreichen versuchen, bitten** (→ 1.2.8.1)
opprimere, opprimo, oppressi, oppressum (*etym.* premere)	**überwältigen,** *auch* **unterdrücken**
capere, capio, cepi, captum	**erobern,** *auch* **fassen, ergreifen, nehmen** (→ 2.6)
expugnare	**erobern**
oppugnare	**angreifen, bestürmen**
defendere, defendo, defendi, defensum (*ant.* offendere) ab iniuria defendere	**abwehren, verteidigen** vor Unrecht schützen
vincere, vinco, vici, victum (⚠ vincire – fesseln) Olympiā vincere	**siegen** bei den Olympischen Spielen gewinnen

victor, oris *m*	**Sieger**
victoria, ae *f*	**Sieg**
superare aliquem doctrinā superare	**überwinden, übertreffen** jdn. an Bildung übertreffen
clades, is *f* cladem accipere	**Niederlage, Schaden, Verlust** eine Niederlage einstecken
periculum, i *n* magno (cum) periculo	**Gefahr** unter großer Gefahr
periculosus, a, um	**gefährlich**
discrimen, inis *n* in ipso discrimine rerum	**Gefahr, kritischer Augenblick,** *auch* **Unterschied, Entscheidung** mitten in der Gefahr
insidiae, arum *f* insidias parare per insidias	**Hinterhalt, Anschlag,** *auch* **Hinterlist** auflauern hinterlistigerweise

„1001–2000“

certamen, inis *n*	**Kampf, Wettstreit**
acies, ei *f* (*etym.* acer)	**Schlachtordnung, Schlacht,** *auch* **Schärfe**
congredi, congredior, congressus sum	**zusammentreffen, kämpfen**
confligere, confligo, conflixi, conflictum	**aneinandergeraten, kämpfen**
bellare	**Krieg führen**
inimicus, i *m* (*ant.* amicus)	**Feind,** *adj.* **feindlich**
adoriri, adorior, adortus sum	**angreifen**
appetere, appeto, appetivi, appetitum	**angreifen,** *auch* **erstreben, verlangen**
circumvenire, circumvenio, circumveni, circumventum	**umschließen, umzingeln, bedrängen**
occupare luctu occupatus	**einnehmen, besetzen** von Trauer ergriffen

obsidēre, obsideo, obsedi, obsessum (*etym.* sedere)	**besetzt halten, belagern**
subigere, subigo, subegi, subactum (*etym.* agere)	**bezwingen, unterjochen**
subicere, subicio, subieci, subiectum (*etym.* iacere) parcere subiectis	**unterwerfen** die Unterworfenen schonen
pacare (*etym.* pax)	**unterwerfen, befrieden**
triumphus, i *m* triumphum agere	**Triumph, Triumphzug, Siegesfeier** einen Triumphzug veranstalten
dedere, dedo, dedidi, deditum (*etym.* dare)	**übergeben, ausliefern,** *auch* **hingeben**
resistere, resisto, restiti resistere hostibus	**Widerstand leisten** sich gegen die Feinde zur Wehr setzen

3.5.2 LAGER, TRUPPEN, AUSRÜSTUNG

„1–1000“

castra, orum *n*	**Lager**
copiae, arum *f*	**Truppen,** *Sg.* **Vorrat, Menge, Möglichkeit**
vires, ium *f*	**Truppen, Streitkräfte,** *auch* (körperliche) **Kräfte**
opes, um *f*	**Truppen,** *auch* **Hilfsmittel, Macht, Reichtum**
exercitus, us *m*	**Heer**
classis, is *f* classem ornare	**Flotte,** *auch* **Klasse, Stand** eine Flotte ausrüsten
legio, onis *f*	**Legion** (ca. 6000 Mann)
cohors, ortis *f*	**Kohorte, Schar** (ca. 600 Mann, zehnter Teil einer Legion)

agmen, inis *n* agmen primum agmen novissimum	**Heereszug, Zug, Schar** Vorhut Nachhut
manus, us *f* manūs Germanorum	**Schar,** *auch* **Hand** die Scharen der Germanen
dux, ducis *m* Aenea duce	**Führer, Feldherr** unter der Führung des Aeneas
imperator, oris *m*	**Feldherr,** *auch* **Herrscher, Kaiser**
legatus, i *m* Ab Helvetiis legati venerunt pacem petitum (*Supin*).	**Gesandter, Diplomat, Unterfeldherr,** *auch* **Statthalter einer Provinz,** (in der Kaiserzeit) **Unterstatthalter** Von den Helvetiern kamen Gesandte, um um Frieden zu bitten.
eques, itis *m*	**Reiter, Ritter**
equitatus, us *m*	**Reiterei**
miles, itis *m*	**Soldat, Krieger**
militaris, e	**militärisch, Kriegs-**
militia, ae *f*	**Kriegsdienst**
conscribere, conscribo, conscripsi, conscriptum legiones conscribere	**rekrutieren** (*wörtl.* (in die Truppenlisten) eintragen) Truppen rekrutieren
arma, orum *n* arma capere	**Waffen, Gerät** zu den Waffen greifen
telum, i *n* tela conicere	**Waffe zum Werfen, Geschoss** Wurfspeere schleudern
gladius, i *m*	**Schwert**
signum, i *n* signa relinquere	**Feldzeichen, Standarte eines Truppenteils,** *auch* **Zeichen, Merkmal, Bildnis** fahnenflüchtig werden
praesidium, i *n*	**Schutz, Besatzung**
auxilium, i *n* (*etym.* subsidium) auxilio mittere	**Hilfe** zu Hilfe schicken
auxilia, orum *n*	**Hilfstruppen**

„1001–2000“

castellum, i *n* (*etym.* castra)	**kleines Lager**
agger, eris *m*	**Wall, Damm**
vallum, i *n*	**Wall**
fossa, ae *f* castra vallo fossāque circumdare	**Graben** das Lager mit Wall und Graben umgeben
pedes, itis *m*	**Soldat zu Fuß, Infanterist**
dilectus, us *m*	**Rekrutierung von Soldaten**
conducere, conduco, conduxi, conductum conducti, orum *m*	**anwerben, mieten** Söldner
stipendium, i *n* stipendia merere	**Kriegsdienst, Sold,** *auch* **Steuer, Abgabe** Sold verdienen, *d. h.* Kriegsdienst leisten
armare armatus, i *m*	**bewaffnen, ausrüsten** der Bewaffnete
scutum, i *n*	**Schild**
stringere, stringo, strinxi, strictum gladio stricto	(eine Waffe) **ziehen,** *auch* **abstreifen** mit gezücktem Schwert
vigilia, ae *f*	**Wache, Nachtwache**
vigilare	**wachen**
impedimenta, orum *n* (*etym.* impedire)	**Gepäck, Tross**
subsidium, i *n* (*syn.* auxilium)	**Reserve, Hilfe**
commeatus, us *m*	**Transport, Zufuhr, Nachschub**

3.5.3 UNTREUE, RAUB, VERNICHTUNG

„1–1000“

proditio, onis *f*	**Verrat**
prodere, prodo, prodidi, proditum	**verraten, ausliefern,** *auch* **überliefern**
deficere, deficio, defeci, defectum	**abfallen** (von einem Bündnispartner), *auch* **ausgehen, fehlen** (→ 2.4)
fraus, fraudis *f*	**Betrug, Schaden**
dolus, i *m* fraude ac dolo	**Betrug, List** mit List und Tücke
obses, sidis *m/f*	**Geisel, Bürge**
rapere, rapio, rapui, raptum	**rauben, raffen**
delēre, deleo, delevi, deletum	**zerstören, vernichten**
pernicies, ei *f*	**Untergang, Verderben**
nex, necis *f*	**Mord,** (gewaltsamer) **Tod**
necare	(gewaltsam) **töten, umbringen**
interficere, interficio, interfeci, interfectum	**töten, umbringen**
caedere, caedo, cecīdi, caesum (⚠ cadere)	**fällen, niederhauen, töten**
occīdere, occido, occidi, occisum (*etym.* caedere, ⚠ occidere – umkommen)	**niederschlagen, töten, umbringen**
caedes, is *f* (*etym.* caedere)	**Mord, Blutbad**

„1001–2000“

res novae, rerum novarum *f* Catilina novis rebus studuit.	**Umsturz** Catilina plante einen Umsturz.
coniuratio, onis *f* (*etym.* iurare) in coniuratione esse	**Verschwörung** an einer Verschwörung beteiligt sein

perfidia, ae *f*	**Treulosigkeit**
deserere, desero, deserui, desertum	**verlassen, desertieren**
destituere, destituo, destitui, destitutum (*etym.* statuere)	**verlassen**
praeda, ae *f*	**Beute**
spolia, orum *n*	**Beute, erbeutete Rüstung**
spoliare	**plündern, berauben**
diripere, diripio, diripui, direptum (*etym.* rapere) Dux militibus oppidum diripiendum permisit.	**plündern, berauben** Der Feldherr erlaubte den Soldaten, die Stadt zu plündern.
privare + *Abl.* libertate privatus	**berauben** der Freiheit beraubt
vincire, vincio, vinxi, vinctum (*etym.* vinculum, ⚠ vincere – siegen) manūs post tergum vincire	**binden, fesseln** die Hände auf dem Rücken fesseln
captivus, i *m*	**Gefangener, Kriegsgefangener**
evertere, everto, everti, eversum	**zerstören, umwerfen**
vastare	**verwüsten, verheeren**
vastus, a, um	**wüst,** *auch* **unermesslich weit**
exstinguere, exstinguo, exstinxi, exstinctum	**auslöschen, vernichten**
interitus, us *m* (*etym.* interire)	**Untergang, Vernichtung**
perniciosus, a, um (*etym.* pernicies)	**verderblich, schädlich**
incendium, i *n* incendium facere	**Brandstiftung, Feuer, Brand** Feuer legen

4 KULTUR

4.1 Landwirtschaft

„1–1000"

colere, colo, colui, cultum	**bebauen,** *auch* **pflegen, bewohnen, verehren, ausbilden** (→ 4.5)
ager, gri *m*	**Acker, Feld,** *auch* **Gebiet**
frumentum, i *n*	**Getreide**

„1001–2000"

agricola, ae *m* (*etym.* ager, colere)	**Bauer**
rusticus, a, um	**ländlich, bäuerlich,** *subst.* **Bauer**
rus, ruris *n*	**Land, Landgut**

TIPP: *Prägen Sie sich folgende Formen von* ***rus*** *ein:*
rus *ire – **aufs Land** gehen*
ruri *vivere – **auf dem Land** leben*
rure *redire – **vom Land** zurückkehren*

villa, ae *f*	**Landhaus, Landgut**
vicus, i *m*	**Dorf,** *auch* **Stadtteil**
hortus, i *m* horti Caesaris	**Garten** die Gartenanlagen Cäsars
instrumentum, i *n*	**Gerät, Werkzeug, Hilfsmittel**
pecus, oris *n*	(Klein-)**Vieh** (Schafe, Ziegen, Schweine usw.)
grex, gregis *m* gregem facere	**Herde** sich versammeln, sich zusammenrotten
fruges, um *f*	**Ackerfrüchte, Getreide**

4.2 Bauen und wohnen

„1–1000“

domus, us *f*	**Haus**

> ***TIPP:*** *Beachten Sie folgende Formen von* ***domus****:*
> ***domo*** *abire – **von zu Hause** weggehen*
> ***domum*** *redire – **nach Hause** zurückkehren*
> ***domi*** *esse – **zu Hause** sein*
> *belli domique – in Krieg und Frieden*

oppidum, i *n*	**Stadt, Festung**
urbs, urbis *f* (*etym.* urbanus) Quid novi in urbe?	**große Stadt** (meistens Rom) Was gibt's Neues in Rom?
urbanus, a, um (*etym.* urbs)	**städtisch,** *auch* **gebildet**
moenia, ium *n*	**Stadtmauern**
munire, munio, munivi, munitum viam munire	**befestigen, sichern** eine feste Straße anlegen
murus, i *m*	**Mauer**
porta, ae *f*	**Tor**
arx, arcis *f*	**Burg,** *auch* **Berggipfel**
condere, condo, condidi, conditum ab urbe condita	**gründen,** *auch* **verwahren, bestatten** seit Gründung der Stadt (Rom)
colere, colo, colui, cultum	**bewohnen,** *auch* **pflegen, bebauen, verehren, ausbilden** (→ 4.5)
colonia, ae *f* coloniam constituere	**Siedlung, Kolonie** eine Niederlassung gründen
incola, ae *m*	**Einwohner**
incolere, incolo, incolui, incultum trans Alpes incolere	**wohnen, bewohnen** jenseits der Alpen sesshaft sein
habitare	**wohnen, bewohnen**

„1001–2000“

construere, construo, construxi, constructum	**aufschichten, errichten, erbauen**
exstruere, exstruo, exstruxi, exstructum aggerem exstruere	**aufschichten, errichten, erbauen** einen Wall aufschütten
aedificare	**bauen, erbauen**
aedificium, i *n* aedificium construere	**Gebäude** ein Gebäude errichten
aedes, ium *f* (⚠ aedes, is – Tempel)	**Haus**
tectum, i *n* amicum tecto recipere	**Dach, Haus** den Freund in sein Haus aufnehmen
insula, ae *f*	**Mietshaus, Häuserblock,** *auch* **Insel**
casa, ae *f*	**Hütte**

turris, is *f*	**Turm**
pons, pontis *m*	**Brücke**
monumentum, i *n*	**Denkmal,** *Pl.* **Urkunden, Akten**

conclave, is *n*	**Zimmer**
fenestra, ae *f*	**Fenster**
paries, etis *m*	**Wand**
lectus, i *m* lecto teneri	**Bett, Liege** das Bett hüten müssen
mensa, ae *f* mensas cibis exstruere	**Tisch** Speisen auftischen

4.3 Bildung

„1–1000"

disciplina, ae *f*	**Unterricht, Bildung,** *auch* **Erziehung**
cultus, us *m* (*etym.* colere)	**Bildung,** *auch* **Bearbeitung, Pflege, Verehrung, Lebensweise** (→ 4.5)
colere, colo, colui, cultum	**ausbilden,** *auch* **pflegen, verehren, bewohnen, bebauen** (→ 4.5)
instruere, instruo, instruxi, instructum litteris instruere	**unterrichten, unterweisen** in den Wisssenschaften unterrichten
docēre, doceo, docui, doctum aliquem litteras docere amicum de fraude docere	**unterrichten, lehren** jdn. in den Wissenschaften unterrichten den Freund von dem Betrug unterrichten
doctus, a, um	**gelehrt, gebildet**
humanus, a, um	**gebildet, menschlich**
instituere, instituo, institui, institutum (*etym.* statuere)	**unterrichten,** *auch* **einrichten, anfangen**
praecipere, praecipio, praecepi, praeceptum (*etym.* capere)	**vorschreiben, lehren,** *auch* **vorwegnehmen**
praeceptum, i *n* praecepta philosophorum	**Lehre, Vorschrift** philosophische Lehren

littera, ae *f*	**Buchstabe**
litterae, arum *f* litteras dare ad aliquem	**Brief, Literatur, Wissenschaften** jdm. einen Brief schreiben
epistula, ae *f* epistulam solvere	**Brief** einen Brief öffnen
legere, lego, legi, lectum	**lesen,** *auch* **sammeln, auswählen**

scribere, scribo, scripsi, scriptum	**schreiben**
epistulam scribere	einen Brief schreiben
componere, compono, composui, compositum (*etym.* ponere)	**verfassen,** *auch* **zusammenstellen, ordnen**
librum componere	ein Buch verfassen
concipere, concipio, concepi, conceptum (*etym.* capere)	**verfassen,** *auch* **aufnehmen, erfassen**
prodere, prodo, prodidi, proditum (*etym.* dare)	**überliefern,** *auch* **verraten, ausliefern**
memoriae prodere	der Nachwelt überliefern
tradere, trado, tradidi, traditum	**überliefern,** *auch* **übergeben**
traditur	es wird erzählt, man sagt

„1001–2000“

humanitas, atis *f*	**Menschlichkeit, Bildung**
cultus atque humanitas	Kultur, Zivilisation
doctrina, ae *f*	**Bildung,** *auch* **Lehrfach, Unterricht**
cultura, ae *f* (*etym.* colere)	**Ausbildung,** *auch* **Bearbeitung**
erudire, erudio, erudivi, eruditum	**unterrichten**
liberos artibus multis erudire	die Kinder in vielen Fertigkeiten unterrichten
educare	**erziehen**
liberos bene educare	die Kinder gut erziehen
magister, tri *m*	**Meister, Lehrer**
discipulus, i *m*	**Schüler**
ludus, i *m*	(Grund-)**Schule,** *auch* **Spiel, Schauspiel**

emendare	**verbessern**
emendatus, a, um	fehlerfrei
corrigere, corrigo, correxi, correctum (*etym.* regere)	**verbessern**

repetere, repeto, repetivi, repetitum	**wiederholen,** *auch* **zurückfordern**
sermonem memoriā repetere	ein Gespräch aus dem Gedächtnis wiederholen
proficere, proficio, profeci, profectum (*etym.* facere)	**Fortschritte machen**
Intellego te multum in medicina profecisse.	Ich sehe, dass du in der Heilkunst große Fortschritte gemacht hast.
scriptor, oris *m* (*etym.* scribere)	**Schriftsteller, Schreiber**
rerum scriptor	Geschichtsschreiber
auctor, oris *m*	**Verfasser, Urheber,** *auch* **Zeuge**
liber, bri *m*	**Buch**
recitare	**vorlesen**
medicina, ae *f*	**Heilkunst, Medizin**
medicus, i *m*	**Arzt**
philosophia, ae *f*	**Philosophie**
philosophus, i *m*	**Philosoph, Gelehrter**

4.4 Kunst

„1–1000“

ars, artis *f*	**Kunst, Geschicklichkeit**
ars dicendi	Rhetorik, Redekunst
malae artes	üble Machenschaften
signum, i *n*	**Bildnis,** *auch* **Zeichen, Merkmal, Feldzeichen**
invenire, invenio, inveni, inventum	**erfinden, entdecken,** *auch* **finden**
fingere, fingo, finxi, fictum	**bilden, formen, gestalten,** *auch* **erdichten**
ars fingendi	Bildhauerkunst

„1001–2000"

artifex, ficis *m* (*etym.* ars, facere)	**Künstler, Schöpfer**
artificium, i *n* simulacrum summo artificio perfectum	**Kunstwerk, Handwerk** ein künstlerisch vollendetes Götterbild
faber, bri *m*	**Handwerker, Künstler**
poeta, ae *m*	**Dichter**
versus, us *m* versūs facere	**Vers** dichten
carmen, inis *n*	**Lied, Gedicht, Gesang,** *auch* **Spruch**
theatrum, i *n*	**Schauplatz, Theater**
fabula, ae *f*	**Schauspiel, Erzählung, Fabel**
spectaculum, i *n* spectaculum capere	**Schauspiel** sich ein Schauspiel ansehen
pingere, pingo, pinxi, pictum	**malen**
tabula, ae *f*	**Gemälde**
imago, inis *f* imago picta	**Bild, Abbild** Porträtbild
statua, ae *f*	**Statue, Standbild**
simulacrum, i *n* (*etym.* similis)	**Bildnis, Abbild, Götterbild**

4.5 Religion

„1–1000"

religio, onis *f*	**Religion, Götterverehrung, Kult, Aberglaube,** *auch* **Bedenken**
deus, i *m*	**Gott**
dea, ae *f*	**Göttin**

numen, inis *n* numine deorum regi	**Gottheit, göttlicher Wille** sich vom Willen der Götter leiten lassen
fas *n* (*nur Nom. und Akk. Sg.*) contra ius fasque	**göttliches Recht, Gebot** wider menschliches und göttliches Recht
nefas *n* (*nur Nom. und Akk. Sg.*)	**Frevel, Unrecht**

templum, i *n* (*syn.* aedes)	**Tempel, Heiligtum**
sacer, cra, crum (*syn.* sanctus) sanguis sacer	**heilig, geweiht** Opferblut
colere, colo, colui, cultum	**verehren,** *auch* **pflegen, bewohnen, bebauen, ausbilden**

***TIPP: colere** erfasst nahezu alle Teilbereiche der Kultur (cultus, cultura): Ackerbau, Wohnen, Körperpflege, Fürsorge, kultische Verehrung und Bildung. Mit der Hilfsübersetzung „sich um etwas kümmern" erschließen sich die verschiedenen Bedeutungen leichter:*

agros	*colere*	*Felder bestellen*
hortum	*colere*	*einen Garten anlegen, im Garten arbeiten*
urbem	*colere*	*in einer Stadt wohnen*
corpus	*colere*	*Körperpflege betreiben, sich schmücken*
matrem	*colere*	*die Mutter respektvoll behandeln*
bonos mores	*colere*	*die guten Sitten in Ehren halten*
deos	*colere*	*die Götter verehren*
sacra	*colere*	*ein Opfer darbringen*
oratio culta		*eine gewählte Rede, wohlgesetzte Worte*
animus cultus		*Bildung* (wörtl. *ein gebildeter Geist)*

*Ähnliches gilt für **cultus**:*

cultus	*agrorum*	*Ackerbau*
cultus	*deorum*	*Götterverehrung*
cultus	*corporis*	*Körperpflege, Schmuck*
cultus	*animi*	*geistige Beschäftigung*

„1001–2000“

caelestes, ium *m/f* (*etym.* caelum)	**Götter, Gottheiten** (*wörtl.* die Himmlischen)
nefarius, a, um (*etym.* nefas) nefaria facere	**frevelhaft** Schandtaten begehen
divus, a, um divus Iulius	**göttlich** der zum Gott erhobene Julius Cäsar
divinus, a, um	**göttlich**
aedes, is *f* (*syn.* templum, ⚠ aedes, ium – Haus) senatum in aedem Iovis convocare	**Tempel** den Senat zur Sitzung in den Jupitertempel einberufen
ara, ae *f*	**Altar**
sanctus, a, um (*syn.* sacer)	**heilig, geweiht**
sacrum, i *n* numinibus sacra facere	**Heiligtum, Opfer** den Göttern Opfer bringen
sacrificium, i *n* sacrificium perficere	**Opfer** ein Opfer vollziehen
victima, ae *f*	**Opfer, Opfertier**
immolare Iovi boves immolare	**opfern** dem Jupiter Rinder opfern
mactare	**opfern, schlachten**
pontifex, ficis *m* pontifex maximus	**Priester** Oberpriester
sacerdos, dotis *m/f*	**Priester, Priesterin**
vates, is *m/f* Ita cecinerunt vates.	**Seher, Seherin** So verkündeten es die Seher.
oraculum, i *n* oraculum adire oraculum ēdere	**Orakelstätte, Orakelspruch** ein Orakel befragen ein Orakel verkünden
omen, inis *n* bonis cum ominibus incipere	**Vorzeichen** unter guten Vorzeichen beginnen

prodigium, i *n* prodigii simile esse	**Vorzeichen, Wunderzeichen** an ein Wunder grenzen
auspicium, i *n* (*etym.* avis, specere)	**Vorzeichen, Vogelschau** (Beobachtung des Vogelflugs, um die Zukunft zu erfahren), *auch* **Oberbefehl**
monstrum, i *n*	**Wunderzeichen,** *auch* **Ungeheuer**

5 NATUR UND UMWELT

5.1 Himmel und Erde

„1–1000“

orbis, is *m* toto orbe terrarum	**Kreis, Erdkreis** auf der ganzen Welt
sol, solis *m* sole oriente sole occidente	**Sonne** bei Sonnenaufgang bei Sonnenuntergang
luna, ae *f* lunā plenā	**Mond** bei Vollmond
caelum, i *n* caelum mutare	**Himmel,** *auch* **Wetter, Klima** einen Ortswechsel vornehmen
terra, ae *f* motus terrae	**Erde, Land** Erdbeben

„1001–2000“

mundus, i *m*	**Welt, Weltall**
stella, ae *f*	**Stern**
sidus, eris *n* sidera, quae errantia vocantur	**Gestirn, Sternbild** die sogenannten Planeten
caelestis, e (*etym.* caelum)	**himmlisch, am Himmel**
tellus, uris *f*	**Erde, Erdboden**

5.2 Naturerscheinungen

„1–1000“

natura, ae *f*	**natürliche Beschaffenheit, Wesen, Natur, Schöpfung**
rerum natura	das Wesen der Dinge
lumen, inis *n*	**Licht, Glanz,** *auch* **Lampe**
lux, lucis *f*	**Licht, Helligkeit, Tageslicht**
primā luce	bei Tagesanbruch
lucēre, luceo, luxi	**leuchten, hell sein**
Lucet.	Es ist Tag.
dies, diei *m/f*	**Tag,** *auch* **Termin**
in dies	von Tag zu Tag

***TIPP:* dies** *in der Bedeutung* **Tag** *ist* **maskulin**: *multo die – spät am Tag; in der Bedeutung* **Termin** *(nur im Singular) steht* **dies** *im* **Femininum**: *die certā – zu einem bestimmten Termin.*

nox, noctis *f*	**Nacht**
primā nocte	bei Einbruch der Nacht
umbra, ae *f*	**Schatten**
umbra arboris	Baumschatten
aqua, ae *f*	**Wasser**
aër, aëris *m*	**Luft**
per aera	durch die Luft
ignis, is *m*	**Feuer**
ignem facere	Feuer machen
flamma, ae *f*	**Flamme, Feuer, Glut**
incendium, i *n*	**Feuer, Brand,** *auch* **Brandstiftung**
incendium exstinguere	ein Feuer löschen
incendere, incendo, incendi, incensum	**anzünden, in Brand setzen**
irā incensus	zornentbrannt
accendere, accendo, accendi, accensum	**anzünden, entflammen**
ardēre, ardeo, arsi, arsurus (*v/i*)	**brennen, glühen**

ferrum, i *n* ferro ignique	**Eisen** mit Feuer und Schwert
argentum, i *n*	**Silber**
aurum, i *n*	**Gold**
aes, aeris *n* simulacrum ex aere factum	**Kupfer, Erz,** *auch* **Geld** ein ehernes Götterbild

„1001–2000"

color, oris *m*	**Farbe**
candidus, a, um	**weiß, glänzend**
niger, gra, grum	**schwarz**
ater, tra, trum dies ater	**schwarz,** *auch* **düster** **Unglückstag**
urere, uro, ussi, ustum (*v/t*)	**verbrennen**
cinis, eris *m*	**Asche**
humus, i *f* humi iacēre	**Erdboden, Boden** am Boden liegen
solum, i *n* urbem solo aequare	**Boden** die Stadt dem Erdboden gleichmachen
lapis, idis *m*	**Stein**
saxum, i *n* Sisyphus frustra saxum in summum montem volvere studuit.	**Fels, Felsblock** Sisyphus versuchte vergeblich, den Fels auf die Bergspitze zu rollen.
aureus, a, um (*etym.* aurum) aetas aurea	**golden** das Goldene Zeitalter

5.3 Jahreszeiten und Wetter

„1–1000"

aestas, atis *f*	**Sommer**
aestate ineunte	zu Beginn des Sommers
hiems, hiemis *f*	**Winter**
hieme exeunte	gegen Ende des Winters
caelum, i *n*	**Wetter, Klima,** *auch* **Himmel**
caelum salubre	gesundes Klima
ventus, i *m*	**Wind**
tempestas, atis *f*	**Wetter, Unwetter, Sturm,** *auch* **Zeit**
tempestas ad navigandum idonea	günstiges Wetter zum Segeln

„1001–2000"

ver, veris *n*	**Frühling**
primo vere	bei Frühlingsbeginn
autumnus, i *m*	**Herbst**
aestus, us *m*	**Hitze, Glut,** *auch* **Brandung, Flut**
meridiei aestus	Mittagshitze
calidus, a, um	**warm, heiß**
frigus, oris *n*	**Kälte**
frigidus, a, um	**kalt**
frigidissimo anni tempore	zur kältesten Zeit des Jahres
imber, bris *m*	**Regen, Regenguss**
nubes, is *f*	**Wolke**
graves imbre nubes	regenschwere Wolken
nix, nivis *f*	**Schnee**
nives	Schneemassen
fulmen, inis *n*	**Blitz**
Fulmen cadit.	Ein Blitz schlägt ein.

5.4 Land und Meer

„1–1000“

regio, onis *f* eandem regionem petere	**Gegend, Gebiet, Richtung** die gleiche Richtung einschlagen
loca, orum *n* (⚠ *Sg.* locus, i *m*) loca superiora	**Gegend** Anhöhen
mons, montis *m* sub monte in summo monte	**Berg** am Fuß des Berges auf dem Gipfel des Berges
silva, ae *f*	**Wald**
campus, i *m* campus Martius	**Feld, freier Platz** Marsfeld (Versammlungsplatz in Rom)
flumen, inis *n* secundo flumine adverso flumine	**Fluss** flussabwärts flussaufwärts
mare, is *n* terrā marique	**Meer, die See** zu Wasser und zu Land
unda, ae *f*	**Welle, Woge**
litus, oris *n*	**Küste, Strand, Meeresufer**
insula, ae *f*	**Insel,** *auch* **Mietshaus, Häuserblock**
(h)arena, ae *f*	**Sand,** *auch* **Kampfplatz**

„1001–2000“

arx, arcis *f* septem arces Romanae	**Berggipfel,** *auch* **Burg** die sieben Hügel Roms
collis, is *m*	**Hügel**
vallis, is *f*	**Tal**
fauces, ium *f*	**Schlucht, Engpass,** *auch* **Rachen**
fons, fontis *m*	**Quelle,** *auch* **Ursprung**

liquidus, a, um	**flüssig, fließend, hell, klar**
fluere, fluo, fluxi	**fließen, strömen**
amnis, is *m*	**Strom, Fluss**
fluctus, us *m* fluctibus excitatis	**Flut, Strömung** bei aufgewühlter See
aestus, us *m* aestu delatus	**Brandung, Flut,** *auch* **Hitze, Glut** von der Strömung abgetrieben
lacus, us *m*	**der See**
maritimus, a, um urbes maritimae	**Meer-, See-, Küsten-** Küstenstädte
tranquillus, a, um mare tranquillum	**ruhig, still** Meeresstille
ora, ae *f*	**Küste**
ripa, ae *f* ripam attingere	**Ufer** das Ufer erreichen
sinus, us *m* sinus maritimus	**Biegung, Bucht,** *auch* **Busen, Tasche** (*nämlich* Bausch der Toga) Meerbusen
ostium, i *n* ostium Tiberis	**Mündung, Eingang** die Tibermündung
palus, udis *f*	**Sumpf**
vadum, i *n*	**Furt, seichte Stelle**

5.5 Lebendiges

„1–1000“

animal, alis *n*	**Lebewesen, Tier**
esse, sum, fui, futurus	**sein**
fieri, fio, factus sum (*Passiv zu* facere) Clamor ingens fit.	**werden, gemacht werden, geschehen, entstehen** Ein ungeheures Geschrei erhebt sich.

exsistere, exsisto, exstiti	**auftreten, entstehen**
oriri, orior, ortus sum Sol oritur.	**sich erheben, entstehen, abstammen** Die Sonne geht auf.
gignere, gigno, genui, genitum Venus Aeneam genuit.	**erzeugen, hervorbringen** Venus hat Aeneas geboren.
parere, pario, peperi, partum (⚠ parēre – gehorchen) Terra fruges parit.	**gebären, hervorbringen,** *auch* **erwerben** Die Erde bringt Feldfrüchte hervor.
ēdere, edo, edidi, editum (⚠ edere – essen)	**hervorbringen** (*wörtl.* herausgeben)
crescere, cresco, crevi Flumen ex nivibus creverat. crescente invidiā	**wachsen, zunehmen** Der Fluss war infolge der Schneeschmelze angeschwollen. bei zunehmender Missgunst

„1001–2000“

origo, inis *f* (*etym.* oriri)	**Ursprung, Herkunft**
consistere, consisto, constiti	**bestehen aus,** *auch* **sich hinstellen, haltmachen**
creare	**hervorbringen, erschaffen,** *auch* **wählen**
bestia, ae *f*	**wildes Tier, Raubtier**
fera, ae *f*	**Tier, wildes Tier**
leo, onis *m*	**Löwe**
lupus, i *m*	**Wolf**
canis, is *m/f* Cave canem!	**Hund** Vorsicht vor dem Hund!
equus, i *m*	**Pferd**
bos, bovis *m/f*	**Rind**
taurus, i *m*	**Stier**
ovis, is *f*	**Schaf**

aries, etis *m*	**Widder**
avis, is *f*	**Vogel**
piscis, is *m*	**Fisch**

arbor, oris *f* arbor Iovis	**Baum** Eiche (der dem Jupiter heilige Baum)
lignum, i *n* ligna in silvam ferre	**Holz** Überflüssiges tun (*wörtl.* Holz in den Wald tragen)
folium, i *n*	**Blatt**
herba, ae *f*	**Pflanze, Kraut, Heilkraut**
flos, oris *m*	**Blume, Blüte**
florēre, floreo, florui urbes florentes	**blühen** wohlhabende Städte

6 MASS UND ZAHL

„1–1000“

modus, i *m* modum adhibere	**Maß**, *auch* **Art, Weise** Maß halten
numerus, i *m* Herculem in deorum numero ponere	**Zahl** Hercules zu den Göttern zählen

6.1 Menge und Grad

„1–1000“

multitudo, inis *f*	**Menge, Menschenmenge**
copia, ae *f*	**Menge, Vorrat**, *auch* **Möglichkeit**
vis *f, nur Akk.* vim *und Abl.* vi magna vis auri	**Menge**, *auch* **Kraft, Gewalt** eine große Menge Gold

pars, partis *f* maximam partem/ex maxima parte	**Teil, Anteil** zum größten Teil
partim (*Adv.*)	**teilweise**
solus, a, um, *Gen.* solius, *Dat.* soli	**allein, einzig,** *auch* **einsam**
solum (*Adv.*)	**allein, nur**
tantum (*Adv.*) Nunc tantum id dicam.	**so sehr, nur** Ich will jetzt nur so viel sagen.
adeo (*Adv.*)	**so sehr, so weit, bis dahin**
singuli, ae, a in singulos annos	**einzelne, je einer** jeweils für ein Jahr
pauci, ae, a	**wenige**
nonnulli, ae, a	**einige**
complures, a	**mehrere, ziemlich viele**
multi, ae, a	**viele**
plures, a (*Komp.*) pluribus verbis dicere	**mehr** ausführlicher darstellen
plurimi, ae, a (*Supl.*)	**die meisten**
plerique, pleraeque, pleraque	**die meisten**
omnes, ia omnes praeter unum ad unum omnes	**alle** alle außer einem alle bis zum Letzten, alle ohne Ausnahme
cuncti, ae, a	**alle**
multum (*Adv.*) Me multum adiuvit.	**viel, sehr, weit, oft** Er hat mir sehr geholfen.
plus (*Adv. Komp.*)	**mehr**
plurimum (*Adv. Supl.*) plurimum valere	**am meisten** sehr großen Einfluss haben
paulum (*Adv.*)	**wenig**
paulo (*Adv.*) paulo post	(um) **ein wenig** wenig später

minus (*Adv. Komp.*)	**weniger**
minime (*Adv. Supl.*)	**am wenigsten, sehr wenig, keineswegs**
parum (*Adv.*) parum sapientiae	**zu wenig** zu wenig Einsicht
multus, a, um multis verbis	**viel** ausführlich, weitschweifig
valde (*Adv.*) Valde gaudeo.	**sehr** Ich freue mich sehr.
magnopere (*Adv.*)	**sehr, überaus**
imprimis (*Adv.*)	**vor allem, besonders**
frequens, ntis urbs frequens tectis	**häufig, zahlreich** eine Stadt mit vielen Häusern
magis (*Adv. Komp.*) eo magis, quod	**mehr** umso mehr, als
maxime (*Adv. Supl.*)	**am meisten**
nimis (*Adv.*) Ne quid nimis!	**zu sehr, allzu** Nichts im Übermaß!
nimius, a, um	**zu groß, übermäßig**
plerumque (*Adv.*)	**meistens**
omnis, e	**jeder, all, ganz**
omnino (*Adv.*)	**ganz und gar, überhaupt**
totus, a, um, *Gen.* totius, *Dat.* toti totā urbe	**ganz, völlig** in der ganzen Stadt
satis (*Adv.*) Satis verborum!	**genug** Genug geredet!
rarus, a, um	**selten, vereinzelt**
raro (*Adv.*) haud raro	**selten, vereinzelt** nicht selten
paene (*Adv.*) Paene cecidi.	**fast** Beinahe wäre ich hingefallen.
fere (*Adv., meist nachgestellt*) ducenti fere	**etwa, fast,** *auch* **in der Regel** etwa zweihundert
vix (*Adv.*)	**kaum, mit Mühe**

reliquus, a, um (*etym.* relinquere)	**übrig**
in reliquum (tempus)	für die Zukunft
ceteri, ae, a	**die übrigen**
ceterum (*Adv.*)	**übrigens**

„1001–2000"

creber, bra, brum	**häufig, zahlreich**
crebro (*Adv.*)	**häufig, oft**
nequaquam (*Adv.*)	**keineswegs, durchaus nicht**
potius (*Adv.*)	**vielmehr, eher**
potissimum (*Adv.*)	**hauptsächlich, am liebsten**
eo potissimum tempore	hauptsächlich zu dieser Zeit
plane (*Adv.*)	**gänzlich, völlig**
admodum (*Adv.*)	**völlig, ganz, sehr,** *auch* **ungefähr**
admodum adulescens	ein noch sehr junger Mann
universus, a, um	**ganz, gesamt, sämtlich**

***TIPP:** Das Gegenteil auf einen Blick:*

solus/singuli	↔	*omnes/cuncti/universi*
pauci	↔	*multi*
paulum – minus – minime	↔	*multum – plus – plurimum*
parum	↔	*nimis*
frequens/creber	↔	*rarus*
plerumque	↔	*vix*

6.2 Größe, Länge, Weite

„1–1000"

magnitudo, inis *f*	**Größe**
magnus, a, um	**groß, bedeutend**
maior, ius (*Komp.*)	**größer**
maior natu	älter

maximus, a, um (*Supl.*)	**der größte**
parvus, a, um	**klein**
minor, us (*Komp.*) minor natu	**kleiner** jünger
minimus, a, um (*Supl.*)	**der kleinste**
ingens, ntis	**groß, gewaltig, ungeheuer**
longus, a, um longum est ea dicere nihil longius est quam	**lang, ausgedehnt, weit** es würde zu weit führen, davon zu sprechen nichts ist langweiliger als
latus, a, um (*syn.* vastus) longe lateque	**breit, weit** weit und breit
brevis, e	**kurz**
passus, us *m* mille passuum	**Schritt** (Längenmaß von ca. 1,5 Metern) eine römische Meile (ca. 1,5 km)
altitudo, inis *f*	**Höhe, Tiefe**
altus, a, um alta turris flumen altum	**hoch, tief** ein hoher Turm ein tiefer Fluss

„1001–2000“

angustus, a, um (*ant.* latus)	**eng, knapp**
largus, a, um	**reichlich,** *auch* **freigebig**
vastus, a, um (*syn.* latus) mare vastum	**weit, unermesslich,** *auch* **wüst** das unermessliche Meer
amplus, a, um	**weit, geräumig, groß**

6.3 Inhalt und Gewicht

„1–1000“

continēre, contineo, continui	**enthalten, umfassen** (*wörtl.* zusammenhalten), *auch* **mäßigen**
plenus, a, um + *Gen.* Animus meus est plenus spei.	**voll** Ich bin voller Hoffnung.
vacuus, a, um + *Abl.* irā vacuus	**leer, frei von** frei von Zorn
vacare + *Abl.* Curis vaco.	**leer sein, frei sein von** Ich habe keine Sorgen.
gravis, e onus grave	**schwer, gewichtig,** *auch* **ernst, würdevoll** eine schwere Last
levis, e	**leicht, geringfügig,** *auch* **leichtsinnig**

„1001–2000“

inesse, insum, infui	**enthalten sein, sich befinden in/an/auf**
vanus, a, um	**nichtig, leer,** *auch* **eingebildet**
inanis, e	**leer, wertlos**
pondus, eris *n*	**Gewicht, Masse**

TIPP: *Das Gegenteil auf einen Blick:*

magnus – maior – maximus	↔	*parvus – minor – minimus*
longus	↔	*brevis*
latus/vastus	↔	*angustus*
gravis	↔	*levis*
plenus	↔	*inanis/vacuus*

6.4 Zahlen

arabische Zahlzeichen	römische Zahlzeichen	Grundzahlen	Ordnungszahlen
1	I	**unus, a, um**	primus, a, um
2	II	**duo, duae, duo**	secundus, a, um
3	III	**tres, tria**	tertius, a, um
4	IV	quattuor	quartus *usw.*
5	V	quinque	quintus
6	VI	sex	sextus
7	VII	septem	septimus
8	VIII	octo	octavus
9	IX	novem	nonus
10	X	**decem**	**decimus**
11	XI	undecim	undecimus
12	XII	duodecim	duodecimus
13–17	XIII XIV XV XVI XVII	tredecim quattuordecim quindecim sedecim septendecim	tertius decimus quartus decimus quintus decimus sextus decimus septimus decimus
18–19	XVIII XIX	duodeviginti undeviginti	duodevicesimus undevicesimus
20	XX	vi**g**inti	vi**c**esimus
21	XXI	viginti unus *oder* unus et viginti	vicesimus primus
30–90	XXX XL L LX LXX LXXX XC	triginta quadraginta quinquaginta sexaginta septuaginta octoginta nonaginta	tri**c**esimus qua- dra**g**esimus quin- qua**g**esimus sexa**g**esimus septua**g**esimus octo**g**esimus nona**g**esimus
100	C	**centum**	centesimus

200–900	CC CCC CCCC *oder* CD D DC DCC DCCC DCCCC *oder* CM	du**c**enti, ae, a tre**c**enti *usw.* quadrin**g**enti quin**g**enti ses**c**enti septin**g**enti octin**g**enti non**g**enti	du**c**entesimus tre**c**entesimus quadrin**g**entesimus quin**g**entesimus ses**c**entesimus septin**g**entesimus octin**g**entesimus non**g**entesimus
1000	M	**mille**	millesimus
2000	MM	duo **milia**, ium	bis millesimus
3000	MMM	tres milia, ium	ter millesimus

7 RAUM UND ZEIT

7.1 Raum

7.1.1 VORHANDENSEIN, AUSDEHNUNG, ENTFERNUNG

„1–1000“

esse, sum, fui, futurus	**sein**
adesse, adsum, affui/adfui	**da sein,** *auch* **beistehen**
absens, ntis Caesare absente	**abwesend** in Cäsars Abwesenheit
abesse, absum, afui	**abwesend sein, entfernt sein, fehlen**
interesse, intersum, interfui + *Dat.* ludis interesse	**dabei sein, dazwischen sein, teilnehmen** (→ interest 1.3.3) an den Spielen teilnehmen
praesens, ntis	**anwesend**
versari, versor, versatus sum + *in* + *Abl.* in periculis versari	**sich aufhalten,** *auch* **tätig sein** in Gefahr schweben
manēre, maneo, mansi, mansurus eodem loco manere	**bleiben,** *auch* **dauern, erwarten** am selben Ort bleiben

patēre, pateo, patui Via patet.	**offen stehen,** *auch* **sich erstrecken, offenbar sein** Der Weg ist gangbar.
pertinēre, pertineo, pertinui Montes ad flumen pertinent. Hoc nihil ad me pertinet.	**sich erstrecken, betreffen** Das Gebirge erstreckt sich bis zum Fluss. Das betrifft mich nicht.

„1001–2000“

morari, moror, moratus sum	**sich aufhalten,** *auch* **zögern, verzögern**
mora, ae *f*	**Aufenthalt,** *auch* **Verzögerung, Aufschub**
permanēre, permaneo, permansi, permansurus	**verharren,** *auch* **fortdauern**
apparēre, appareo, apparui, appariturus Servus vocatus statim apparuit.	**erscheinen, sich zeigen,** *auch* **klar sein, offenkundig sein** Auf den Ruf hin erschien der Sklave sofort.
distare, disto	**entfernt sein**
abdere, abdo, abdidi, abditum	**verbergen**

***TIPP:** Bei abdere fragt der Lateiner „**Wohin?**“, im Deutschen fragt man „**Wo?**“. Also: se in silvas abdere – sich in den Wäldern verstecken.*

occultare	**verbergen**
occultus, a, um	**verborgen**
secretus, a, um (*etym.* secernere)	**abgesondert,** *auch* **geheim**
latēre, lateo, latui latet	**verborgen sein** es ist unbekannt
superesse, supersum, superfui	**übrig sein,** *auch* **überlegen sein**

7.1.2 ORIENTIERUNG

„1–1000“

locus, i *m* (⚠ *Pl.* loca, orum *n*) ex loco superiore	**Ort, Platz,** *auch* **Rang** von einem höher gelegenen Platz aus
spatium, i *n* magno spatio confecto	**Strecke,** *auch* **Zeitraum** nachdem eine große Strecke bewältigt war
rectus, a, um	**gerade, geradeaus,** *auch* **richtig**
medius, a, um in media urbe	**der mittlere, der dazwischen liegende** mitten in der Stadt
superior, ius (*Komp.*)	**der höhere, der obere,** *auch* **der überlegene, der frühere**
summus, a, um (*Supl.*) in summa aqua	**der höchste, der oberste** auf der Wasseroberfläche
supremus, a, um (*Supl.*) supremi montes	**der höchste, der oberste,** *auch* **der letzte** die Berggipfel
extremus, a, um (*Supl.*) Extrema passus est.	**der äußerste,** *auch* **der letzte** Er hat das Äußerste ertragen.
proximus, a, um (*Supl.*) proximum iter per Alpes	**der nächste** (→ 7.2.1) der kürzeste Weg über die Alpen
ultimus, a, um (*Supl.*) in ultimis aedibus	**der äußerste,** *auch* **der letzte** im entlegensten Teil des Hauses
procul (*Adv.*)	**fern**
prope (*Adv.*)	**nahe,** *auch* **beinahe**

„1001–2000“

situs, a, um urbs ad flumen sita	**gelegen** die Stadt am Fluss

dexter, tra, trum	**rechts,** *auch* **Glück verheißend**
ad dextram (*erg.* manum)	zur Rechten (= Hand), auf der rechten Seite
sinister, tra, trum	**links,** *auch* **Unglück verheißend**
ad sinistram (*erg.* manum)	zur Linken (= Hand), auf der linken Seite
contrarius, a, um	**gegenüberliegend**
utrimque (*Adv.*)	**auf beiden Seiten**
inferior, ius (*Komp.*)	**der untere, der tiefere, der geringere**
aetate inferior	jünger
infimus, a, um (*Supl.*)	**der unterste, der geringste**
in infimo mari	auf dem Meeresgrund
imus, a, um (*Supl.*)	**der unterste, der geringste**
exterior, ius (*Komp.*)	**der äußere**
interior, ius (*Komp.*)	**der innere**
interior pars aedium	das Innere des Hauses
intimus, a, um (*Supl.*)	**der innerste**
propior, ius (*Komp.*)	**der nähere**
ulterior, ius (*Komp.*)	**der jenseitige, der entferntere**
Gallia ulterior	das Gallien jenseits der Alpen
oriens, ntis *m*	**Osten**
ad orientem spectare	nach Osten liegen
occidens, ntis *m*	**Westen**
meridies, ei *m*	**Süden,** *auch* **Mittag**
a meridie	auf der Südseite
septentriones, um *m*	**Norden**

TIPP: *Das Gegenteil auf einen Blick:*

dexter ↔ *sinister*
superior – summus/supremus ↔ *inferior – infimus/imus*
exterior – extremus ↔ *interior – intimus*

7.1.3 ORTSBESTIMMUNG IN FRAGE UND ANTWORT

Frage		bestimmte Antwort		unbestimmte Antwort	
ubi **qua**	wo wo, *auch* wie	**hic** **ibi** **illic**	hier dort da, dort	**ubique** **nusquam** **alibi**	überall nirgends anderswo
unde	woher	**hinc** **inde**	von hier von dort, von da	**undique**	von überall her
quo	wohin	**eo** **illuc** **huc**	dorthin dorthin hierher, hierzu	**quocumque**	wohin auch immer

TIPP: *Verwechslungen der „kleinen Wörter" kann man vermeiden, wenn man sich die* ***Signale*** *merkt, die ihre* ***Bedeutung*** *bestimmen:*

*a) ein -**i**- am Stammende (ohne nachfolgendes -n) bezeichnet* ***Ortsruhe****: ub**i**, ib**i**, h**i**c, ub**i**que, dom**i**,*

*b) eingeschobenes -**n**- weist auf* ***Herkunft*** *hin: u**n**de, i**n**de, hi**n**c, u**n**dique,*

c) die Laute ***o*** *und* ***u*** *geben eine* ***Richtung*** *an: qu**o**, e**o**, ill**u**c, h**u**c.*

Hic*,* ***eo*** *und* ***quo*** *können je nach Ursprung verschiedene Bedeutung haben:*

1) hic kann nicht nur Ortsangabe, sondern auch Pronominalform sein (hic, haec, hoc),

2) eo kann auch 1. Person Singular von ire sein, Maskulinum/Neutrum Singular Ablativ des Demonstrativpronomens is, ea, id oder Teil der festen Verbindung quo – eo,

3) quo kann auch Maskulinum/Neutrum Singular Ablativ des Relativ-, Frage- sowie Indefinitpronomens sein.

7.2 Zeit

7.2.1 ALLGEMEINE ZEITBESTIMMUNGEN

„1–1000"

tempus, oris *n* — **Zeit, Zeitpunkt,** *Pl.* **Umstände**

Multum temporis consumpsi legendo. — Ich verbrachte viel Zeit mit Lesen.

temporibus cogi — durch die Umstände gezwungen sein

tempestas, atis *f*	**Zeit**, *auch* **Unwetter, Wetter, Sturm**
eā tempestate	zu dieser Zeit
spatium, i *n*	**Zeitraum**, *auch* **Strecke**
triginta dierum spatium dare	eine Frist von dreißig Tagen einräumen
initium, i *n*	**Anfang, Beginn**
finis, is *m*	**Ende, Grenze, Ziel**
aetas, aetatis *f*	**Zeitalter, Lebensalter, Epoche**
saeculum, i *n*	**Zeitalter, Jahrhundert**
annus, i *m*	**Jahr**
tot per annos	so viele Jahre lang
dies, diei *m/f*	**Tag**, *auch* **Termin** (→ 5.2)
per totum diem	den ganzen Tag lang
nox, noctis *f*	**Nacht**
sub noctem	spät abends
multā nocte	tief in der Nacht
novus, a, um	**neu**
Nihil novi sub sole.	Es geschieht nichts Neues unter der Sonne.
antiquus, a, um	**alt, vergangen**
antiquis temporibus	in früheren Zeiten
vetus, eris	**alt, betagt**
milites veteres	altgediente Soldaten
prior, ius (*Komp.*)	**der vordere, der frühere**
priore aestate	vorigen Sommer
aeternus, a, um	**ewig**
manēre, maneo, mansi, mansurus	**bleiben, dauern**, *auch* **erwarten**
mora, ae *f*	**Verzögerung, Aufschub**, *auch* **Aufenthalt**

„1001–2000“

mensis, is *m*	**Monat**
vesper, i *m* vesperi/vespere	**Abend** abends, am Abend
recens, ntis iniuria recens	**neu, frisch** soeben zugefügtes Unrecht
priscus, a, um	**altertümlich**
pristinus, a, um in pristinum restituere	**vormalig** in den früheren Zustand bringen
principium, i *n*	**Anfang,** *auch* **Grundlage**
superior, ius (*Komp.*) superiore hieme	**der frühere,** *auch* **der höhere, der obere, der überlegene** im vorigen Winter
supremus, a, um (*Supl.*) suprema hora	**der letzte,** *auch* **der höchste, der oberste** Todesstunde
posterior, ius (*Komp.*)	**der spätere**
postremus, a, um (*Supl.*)	**der letzte,** *auch* **der geringste**
extremus, a, um (*Supl.*) extremo anno	**der letzte,** *auch* **der äußerste** am Ende des Jahres
ultimus, a, um (*Supl.*)	**der letzte,** *auch* **der äußerste**
proximus, a, um (*Supl.*)	**der nächste**

TIPP: *Die Bedeutung von* ***proximus*** *hängt davon ab, ob vom Standpunkt des Sprechers aus zeitlich Früheres oder Späteres gemeint ist:*
Quis nostrum ignorat, quid ***proximā nocte*** *egeris? – Wer von uns weiß nicht, was du* ***in der letzten Nacht*** *getrieben hast?*
Hier weist der Konjunktiv Perfekt (Vorzeitigkeit) auf die vergangene Nacht; der Konjunktiv Futur (Nachzeitigkeit) dagegen deutet auf die folgende Nacht:
Quis nostrum ignorat, quid ***proximā nocte*** *acturus sis? – Wer von uns weiß nicht, was du* ***in der kommenden Nacht*** *tun wirst?*

continuus, a, um	**zusammenhängend, fortwährend**
perpetuus, a, um in perpetuum	**ununterbrochen** für immer
sempiternus, a, um (*etym.* semper, aeternus)	**ewig**
permanēre, permaneo, permansi, permansurus	**fortdauern,** *auch* **verharren**

7.2.2 ADVERBIALE ZEITBESTIMMUNGEN

„1–1000"

aliquando	**irgendwann, einst**
olim	**einst, vor langer Zeit**
quondam	**einst**
hodie (*etym.* hoc die)	**heute**
nunc	**jetzt, nun**
adhuc	**bisher, noch**
primo	**anfangs**
primum	**zuerst, zum ersten Mal**
statim	**sofort**
subito (*syn.* repente)	**plötzlich**
ante	**vorher, früher** (→ 7.3.1)
antea	**vorher, früher**
prius	**eher, früher**
post	**später, nachher** (→ 7.3.1)
postea	**später, nachher**
modo	**eben,** *auch* **nur**
modo – modo	**bald – bald, mal – mal**
iam	**schon, bereits**
non iam	**nicht mehr**

nondum	noch nicht
mox	bald
brevi	nächstens
tum (*syn.* tunc)	damals, dann, darauf
deinde	dann, darauf
tandem	endlich
denique	endlich, schließlich
interea	inzwischen
simul	zugleich
rursus	wieder
iterum	zum zweiten Mal, wiederum
non	nicht
numquam	nie, niemals
interdum (*syn.* nonnumquam)	manchmal
raro	selten
saepe	oft
semper	immer, stets
cottidie	täglich
diu	lange Zeit, lange
diutius	länger

„1001–2000“

quando	wann
tunc (*syn.* tum)	damals, dann, darauf
postremo	zuletzt, schließlich
sero	spät, zu spät
quotannis	jährlich
heri	gestern

cras	**morgen**
postridie	**am folgenden Tag**
interdiu	**am Tag, tagsüber**
noctu	**nachts**

haud	**nicht**
umquam	**jemals**
nonnumquam (*syn.* interdum)	**manchmal**
paulatim	**allmählich**
repente (*syn.* subito)	**plötzlich**

7.2.3 ZEITBESTIMMUNG DURCH NEBENSÄTZE

Das Nebensatzgeschehen liegt zeitlich vor dem des Hauptsatzes:

cum + *Konj.*	**als, nachdem** (→ 9.2.7)
postquam + *Ind. Perf.*	**nachdem**
ut/ubi/simul ac/simul atque + *Ind. Perf.*	**sobald als**

Haupt- und Nebensatzgeschehen wiederholen sich:

cum/ut/ubi + *Ind.*	**immer wenn; sooft**

Zwischen Haupt- und Nebensatzgeschehen besteht ein enger zeitlicher Zusammenhang:

(**tum**) **cum** + *Ind.*	(damals,) **als** (→ 9.2.7)
modo cum + *Ind. Perf.*	(eben,) **als**
dum + *Ind. Präs.*	**während**
dum/donec + *Ind.*	**so lange als**

Das Nebensatzgeschehen folgt auf das des Hauptsatzes:

antequam/priusquam + *Ind./Konj.*	**ehe, bevor**
dum/donec + *Ind./Konj.*	(so lange,) **bis**

7.3 Präpositionen

7.3.1 PRÄPOSITIONEN MIT DEM AKKUSATIV

Präposition	örtliche Bedeutung	zeitliche Bedeutung	übertragene Bedeutung
ad	zu, an, bei	bis zu	ungefähr
usque ad	bis zu	bis zu	
adversus	gegen, gegenüber		gegen, gegenüber
ante	vor	vor	
apud	bei		
circa/ circum	ringsum, um ... herum, bei	um ... herum, gegen	über
contra	gegen, gegenüber		gegen
erga	gegenüber		gegen(über), in Bezug auf
extra	außer, außerhalb		außer
infra	unter, unterhalb	nach	unter
inter	zwischen, mitten unter	während	zwischen
intra	innerhalb	innerhalb, binnen	
iuxta	neben, nahe bei		
ob	gegen, gegenüber		wegen
per	durch, durch ... hindurch	während	mittels
post	nach, hinter	nach	nach
praeter	vorbei an		außer, wider
prope	nahe bei	um, um ... herum, gegen	
propter	nahe bei, neben		wegen
secundum	längs	sogleich nach	gemäß
super/ supra	oberhalb, über, oben auf	über ... hinaus	über
trans	über, jenseits		
ultra	über ... hinaus, jenseits	über ... hinaus	über ... hinaus

TIPP: *Einige der angeführten* ***Präpositionen*** *können auch* ***adverbial*** *verwendet werden:*
ante *– vorher, früher: paucis mensibus ante – wenige Monate zuvor*
post *– später, nachher: paulo post – wenig später*
contra *– dagegen, im Gegenteil: Utrumque contra accidit. – Beides ist ganz anders gekommen.*
supra *– darüber, außerdem*
ultra *– darüber hinaus, jenseits: Nihil ultra requiratis! – Darüber hinaus sollt ihr nichts verlangen!*
prope *– nahe, beinahe*

Daneben verbinden sich ***ante*** *und* ***post*** *sowie* ***praeter*** *und* ***propter*** *in der adverbiellen Verwendung mit dem Akkusativ Plural Neutrum von is/ea/id:*
antea – vorher, früher
postea – später, nachher
praeterea – außerdem
propterea – deswegen

7.3.2 PRÄPOSITIONEN MIT DEM AKKUSATIV UND DEM ABLATIV

Präposition	örtliche Bedeutung	zeitliche Bedeutung	übertragene Bedeutung
in + *Akk.*	in, nach, gegen	bis ... in, in ... hinein	in, nach, zu, für
in + *Abl.*	in, an, auf	in, innerhalb, während	in, an, bei
sub + *Akk.*	unter, unterhalb, bis an	gegen, um, bei	unter
sub + *Abl.*	unter, unterhalb, unten an	während, innerhalb, gegen	unter, bei

7.3.3 PRÄPOSITIONEN MIT DEM ABLATIV

Präposition	örtliche Bedeutung	zeitliche Bedeutung	übertragene Bedeutung
a/ab	von, von ... her	seit	von
cum	mit		mit
(unā) cum	zusammen mit	zugleich mit	
de	von, von ... herab	noch während	von, über
e/ex	aus, aus ... heraus	seit	infolge
prae	vor		vor, wegen
pro	vor		für, anstelle von, im Verhältnis zu
sine			ohne

8 PRONOMINA (FÜRWÖRTER)

8.1 Personalpronomina (Persönliche Fürwörter)

ego, mei, mihi, me, a me	**ich**
tu, tui, tibi, te, a te	**du**
is/ea/id, sui, sibi, se, a se	**er/sie/es**
nos, nostri *oder* nostrum, nobis, nos, a nobis Memento nostri!	**wir** Denk an uns!
vos, vestri *oder* vestrum, vobis, vos, a vobis	**ihr**
ii (ei)/eae/ea	**sie** (*Pl.*)

8.2 Demonstrativpronomina (Hinweisende Fürwörter)

is/ea/id, eius, ei, eum/eam/id, eo, eā, eo	**er/sie/es**
hic/haec/hoc	**dieser, folgender**
iste/ista/istud	**dieser da**
ille/illa/illud	**jener**
īdem/eadem/idem uno eodemque tempore	**derselbe, der gleiche** zu ein und derselben Zeit
ipse/ipsa/ipsum Ipse dixit!	**selbst** Er selbst hat es gesagt!

8.3 Possessivpronomina (Besitzanzeigende Fürwörter)

meus, a, um	**mein**
tuus, a, um	**dein**
suus, a, um/**eius**	**sein/ihr**

noster, tra, trum	**unser**
vester, tra, trum	**euer**
suus, a, um/**eorum**, earum, eorum	**ihr**

TIPP: *Wenn der Besitzer gleichzeitig das Subjekt des Satzes bzw. des übergeordneten Satzes ist, verwendet man das rückbezügliche (reflexive)* ***suus****: Novit patrem* ***suum****. Er kennt seinen Vater (den eigenen).*
Ist das nicht der Fall, dienen ***eius*** *(dessen, deren) und* ***eorum/earum/eorum*** *(deren), die Genitive von is, ea, id, als Ersatz für ein nicht rückbezügliches Possessivpronomen der 3. Person Singular und Plural: Novit patrem* ***eius****. – Er kennt seinen Vater (den eines anderen).*

8.4 Relativpronomina (Bezügliche Fürwörter)

qui/quae/quod sunt, qui dicant	**welcher/welche/welches; der/die/das** es gibt welche, die sagen
quicumque/quaecumque/quodcumque Rogavi, quoscumque potui.	**wer auch immer; jeder, der** Ich fragte alle möglichen Leute (*wörtl.* alle, die ich fragen konnte).
quisquis/quidquid (*auch* quicquid) quoquo modo se res habet	**wer auch immer; jeder, der** es sei, wie es wolle

8.5 Indefinitpronomina (Unbestimmte Fürwörter)

quis/quid (*subst.*) si quis dicat	**irgendeiner, jemand** wenn jemand sagen sollte
qui/qua/quod (*adj.*, nach si, nisi, ne, num und Relativen) si qua spes est	**irgendein** wenn noch irgendeine Hoffnung besteht

aliquis/aliquid (*subst.*)	**irgendeiner, jemand**
aliqui/aliqua/aliquod (*adj.*)	**irgendein**
quidam/quaedam/quiddam (*subst.*) Accurrit quidam notus mihi nomine tantum.	**ein bestimmter, irgendeiner, einer** Da rennt einer heran, der mir nur dem Namen nach bekannt ist.
quidam/quaedam/quoddam (*adj.*) divinā quādam mente praeditus	**ein bestimmter, irgendeiner, einer** mit geradezu göttlichem Verstand begabt
quisquam/quicquam (*subst.*) vix quisquam	**irgendeiner, jemand** kaum jemand
ullus/ulla/ullum (*adj.*) sine ulla spe	**irgendein** ohne jede Hoffnung
(unus-)quisque/(unum-)quidque (*subst.*) Se quisque maxime amat.	**jeder** (Einzelne) Jeder liebt sich selbst am meisten.
(unus-)quisque/(una-)quaeque/(unum-)quodque (*adj.*)	**jeder** (einzelne)
quivis/quaevis/quidvis (*subst.*)	**jeder Beliebige**
quivis/quaevis/quodvis (*adj.*)	**jeder beliebige**

alius/alia/aliud, *Gen.* alterius (*selten* alius), *Dat.* alii	**ein anderer**
alius – alius Amici alius alium hortati sunt.	**der eine – der andere** Die Freunde sprachen sich gegenseitig Mut zu.
alter/altera/alterum	**der eine, der andere** (von zweien)
uterque/utraque/utrumque (*subst./adj.*) Uterque consul cecidit.	**jeder von zweien, beide** Beide Konsuln fielen.

nemo (*subst.*), *Gen.* nullius, *Dat.* nemini, *Akk.* neminem, *Abl.* nullo/nulla Nemo nostrum hoc faciet.	**niemand, keiner** Niemand von uns wird das tun.

nullus/nulla/nullum (*adj.*)	**keiner, kein**
neuter/neutra/neutrum (*subst./adj.*)	**keiner von beiden**
nihil, *Gen.* nullius rei, *Dat.* nulli rei, *Akk.* nihil, *Abl.* nullā re nihil novi	**nichts** nichts Neues

TIPP:* iste, ille, ipse, alter, uter, neuter** *und* **nullus** *bilden den* **Genitiv auf -ius: z. B. istius, alterius, und den* **Dativ auf -i***: z. B. ipsi, nulli.*

8.6 Interrogativpronomina (Fragefürwörter)

quis/quid (*subst.*) Quid faciam?	**wer/was** Was soll ich tun?
qui/quae/quod (*adj.*) Quo modo (*auch* quomodo) res se habet?	**welcher/welche/welches** Wie verhält es sich?
uter/utra/utrum (*subst./adj.*) Uter nostrum?	**welcher von beiden** Wer von uns beiden?

9 SATZSTRUKTUREN

9.1 Vergleiche

1–1000“

aequus, a, um (*etym.* aequare) aequam mentem servare	**gleich,** *auch* **eben, gerecht** Gleichmut bewahren
iniquus, a, um	**ungleich,** *auch* **ungünstig, ungerecht**
similis, e veri similis, *auch* verisimilis	**ähnlich** wahrscheinlich
dissimilis, e	**unähnlich, verschieden**

varius, a, um variae sententiae	**verschieden, farbig** verschiedene Meinungen
quemadmodum/quomodo Haec, quemadmodum exposui, ita gesta sunt.	**wie, auf welche Weise** Es ist so geschehen, wie ich es dargelegt habe.
velut	**wie, wie zum Beispiel**
quasi + *Konj.*	**wie wenn, als ob**
quam	**wie, wie sehr**

TIPP: *Wenn nach quam der Komparativ oder der Superlativ steht, wird es wie folgt übersetzt:*
quam *+* ***Komp. – als****: maior quam – größer als*
quam *+* ***Supl. – möglichst****: quam celerrime – möglichst schnell.*

sic/ita – ut	**so – wie**
tam – quam Cicero tam disertus fuit in defendendo quam in accusando.	**so – wie** Cicero konnte Verteidigungsreden genauso gut halten wie Anklagereden.
quo – eo (*beim Komp.*) quo celerius, eo melius	**je – desto** je schneller, desto besser
talis, e – **qualis**, e	**so beschaffen – wie**
tantus, a, um – **quantus**, a, um	**so groß – wie**
tot – quot	**so viele – wie**

„1001–2000“

aequare (*etym.* aequus)	**gleichmachen, gleichkommen**
differre, differo, distuli, dilatum differt	**verschieden sein, sich unterscheiden,** *auch* **aufschieben** es besteht ein Unterschied
interest	**es ist ein Unterschied,** *auch* **es ist von Interesse, es liegt** (jdm.) **daran** (→ 1.3.3)

par, paris Ego pariter (*Adv.*) gaudeo ac tu.	**gleich, gleichwertig** Ich freue mich genauso wie du.
aequalis, e	**gleich, gleichmäßig, gleichaltrig**
diversus, a, um Legati diversi abierunt.	**verschieden, entgegengesetzt** Die Gesandten entfernten sich in verschiedene Richtungen.
aliter (*Adv.*)	**anders, entgegengesetzt**
sicut	**so wie**
tamquam	**so wie, gleichsam, als ob**
item (**– ut/quasi/ quemadmodum**)	**ebenso (– wie)**

9.2 Konjunktionen

9.2.1 VERKNÜPFUNGEN

et	**und**
ac/atque	**und,** *auch* **wie**
-que senatus populusque Romanus	**und** Senat und Volk von Rom
nec/neque	**und nicht, auch nicht**
etiam/et	**auch, sogar, noch**
quoque (*nachgestellt*)	**auch, sogar, noch**
immo (**vero**)	**ja sogar, vielmehr**
et – et	**sowohl – als auch**
cum – tum	**sowohl – als ganz besonders**
non solum – sed etiam	**nicht nur – sondern auch**
nec – nec/neque – neque	**weder – noch**

9.2.2 ALTERNATIVEN

aut	oder
vel	oder
aut – aut/vel – vel	entweder – oder

9.2.3 GEGENSÄTZE

at	aber
sed	aber, jedoch, sondern
autem (*nachgestellt*)	aber
vero	aber, jedoch, *auch* wirklich, wahrlich
verum	aber, jedoch
tamen	doch, dennoch, trotzdem
cum + *Konj.*	während dagegen, wohingegen (→ 9.2.7)

9.2.4 EINSCHRÄNKUNGEN

tantum/solum/modo	nur
quidem (*nachgestellt*)	zwar, freilich
ne – quidem	nicht einmal
cum + *Konj.*	obwohl, obgleich (→ 9.2.7)
quamquam + *Ind.*	obwohl, obgleich
quamvis + *Konj.*	obwohl, wie sehr auch
etiamsi + *Ind./Konj.*	selbst wenn

9.2.5 BEDINGUNGEN

si	wenn, falls, *auch* ob
sin (**autem**)	wenn aber
nisi	wenn nicht

non nisi	**nur**
dum/dummodo/modo + *Konj.*	**wenn nur**
sive – sive/seu – seu	**sei es dass – oder dass**

9.2.6 WUNSCH UND ABSICHT

utinam + *Konj.*	**wenn doch, dass doch, hoffentlich**
Utinam amicus viveret!	Wenn doch der Freund noch am Leben wäre!
ut + *Konj.*	**dass, damit,** *nach Verben des Fürchtens und Hinderns* **dass nicht**
ne + *Konj*	**dass nicht, damit nicht,** *nach Verben des Fürchtens und Hinderns* **dass**

TIPP: *Bei Nebensätzen, die einen Wunsch oder eine Absicht ausdrücken, empfiehlt sich im Deutschen eine Infinitivkonstruktion zur Übersetzung von* ***ut/ne****:*
Hannibal verens, ne dederetur, Cretam venit. – Da er befürchtete, ausgeliefert zu werden, begab sich Hannibal nach Kreta.

9.2.7 BEGRÜNDUNG, FOLGERUNG, FOLGE

causā + *Gen.* (*nachgestellt*)	**wegen, um ... willen**
amicorum causā	wegen der Freunde, um der Freunde willen
discendi causā	um zu lernen, zum Lernen
gratiā + *Gen.* (*nachgestellt*)	**um ... willen, aus Rücksicht**
amicitiae gratiā	um der Freundschaft willen
propter + *Akk.*	**wegen**
propterea (*Adv.*)	**deswegen**
nam	**denn, nämlich**
enim (*nachgestellt*)	**denn, nämlich**
itaque	**daher, deshalb**

ergo	**folglich, also**
igitur	**daher, also**
cum + *Konj.*	**weil, da**

TIPP: *In Verbindung mit dem Konjunktiv kann* **cum** *vier verschiedene Sinnrichtungen haben:* ***temporal****/zeitlich (als, nachdem),* ***kausal****/begründend (da, weil),* ***konzessiv****/einräumend (obwohl) und* ***adversativ****/gegensätzlich (während dagegen, wohingegen). Je nach dem Sinn des übergeordneten Satzes muss anders übersetzt werden:*

Cum Romani fortiter pugnarent,
- *urbs teneri poterat.*
- *urbs teneri non poterat.*
- *socii fugā salutem petiverunt.*

Weil / Obwohl / Während die Römer tapfer kämpften,
- *konnte die Stadt gehalten werden.*
- *konnte die Stadt nicht gehalten werden.*
- *suchten die Verbündeten ihr Heil in der Flucht.*

quod + *Ind.*	**weil,** *auch* **dass**
quia + *Ind.*	**weil**
quoniam + *Ind.*	**weil ja, da ja**
praesertim cum + *Konj.*	**zumal da**
ut + *Konj.*	**sodass**
ut non + *Konj.*	**sodass nicht**
cur	**warum**
quare (*etym.* quā re)	**warum,** *im rel. Satzanschluss* **deshalb**
quam ob rem	**warum,** *im rel. Satzanschluss* **deswegen**

9.3 Fragepartikel

num Num quis dubitat?	**etwa** (*erwartete Antwort: nein*) Zweifelt etwa jemand?
nonne Nonne meministi?	**etwa nicht** (*erwartete Antwort: ja, doch*) Erinnerst du dich etwa nicht?
-ne Venisne mecum?	(*Fragesignal, das unübersetzt bleibt, Antwort: ja oder nein*) Kommst du mit mir?
an	**oder etwa, ob**
utrum – an	**(ob –) oder**
-ne – an	**(ob –) oder**
... **– an**	**(ob –) oder**

TIPP: *Doppelfragen lassen sich auf verschiedene Arten konstruieren. In der Übersetzung bleiben die einleitenden Partikel* ***utrum*** *und -****ne*** *unberücksichtigt:*

Utrum *valetis* ***an*** *aegri estis?*
*Valetis****ne an*** *aegri estis?*
Valetis ***an*** *aegri estis?*
} *Seid ihr gesund* ***oder*** *krank?*

Im indirekten Fragesatz tritt im Deutschen ***ob*** *dazu:*
*Agitur, victuri****ne*** *simus* ***an*** *perituri. – Es geht darum,* ***ob*** *wir siegen* ***oder*** *untergehen werden.*

REGISTER

D

E

Abkürzungen und Symbole

Abl.	Ablativ
AcI.	Accusativus cum Infinitivo
adj.	adjektivisch
Adv.	Adverb
Akk.	Akkusativ
ant.	Antonym (gegenteiliger Begriff)
bzw.	beziehungsweise
Dat.	Dativ
dt.	deutsch
d. h.	das heißt
erg.	ergänze
etw.	etwas
etym.	etymologisch verwandt (zur gleichen Wortfamilie gehörend)
f	Femininum
Gen.	Genitiv
Ind.	Indikativ
Inf.	Infinitiv
indir.	indirekt
jd.	jemand
jdm.	jemandem
jdn.	jemanden
jds.	jemandes
Konj.	Konjunktiv
Komp.	Komparativ
Konstr.	Konstruktion
m	Maskulinum
n	Neutrum
NcI.	Nominativus cum Infinitivo
Nom.	Nominativ
Perf.	Perfekt
Pl.	Plural
P.P.P.	Partizip Perfekt Passiv
Präs.	Präsens
rel.	relativ
Sg.	Singular
subst.	substantivisch
Supl.	Superlativ
syn.	Synonym (Begriff mit ähnlicher Bedeutung)
unpers.	unpersönlich
usw.	und so weiter
v/i	intransitives Verb
v/t	transitives Verb
vgl.	vergleiche
wörtl.	wörtlich
z. B.	zum Beispiel
!	Besonderheit, Verwechslungsmöglichkeit
→	Verweis auf einen Tipp o. Ä.
↔	Gegensatzpaar